医疗保险制度与管理

马国善　谢龙涛 ◎ 主编

中国书籍出版社
China Book Press

图书在版编目（CIP）数据

医疗保险制度与管理 / 马国善，谢龙涛主编.
北京：中国书籍出版社，2024. 6. -- ISBN 978-7-5068-8550-8

Ⅰ. F842.684

中国国家版本馆CIP数据核字第2024G4R711号

医疗保险制度与管理

马国善　谢龙涛　主编

责任编辑	李　新
责任印制	孙马飞　马　芝
封面设计	瑞天书刊
出版发行	中国书籍出版社
地　　址	北京市丰台区三路居路97号（邮编：100073）
电　　话	（010）52257143（总编室）　（010）52257140（发行部）
电子邮箱	eo@chinabp.com.cn
经　　销	全国新华书店
印　　刷	济南文达印务有限公司
开　　本	710毫米×1000毫米　1/16
印　　张	14.5
字　　数	225千字
版　　次	2024年6月第1版
印　　次	2024年6月第1次印刷
书　　号	ISBN 978-7-5068-8550-8
定　　价	58.00元

版权所有　翻印必究

《医疗保险制度与管理》编委会

主　编：

马国善　济宁市医疗保险事业中心
谢龙涛　济宁医学院附属医院

副主编：

张　慧　济宁医学院附属医院
曹　颖　济宁市第一人民医院
周　明　微山县医疗保障服务中心
刘　艳　济宁医学院附属医院
孔彦霞　曲阜市人民医院
徐海勇　金乡县人民医院
刘海荣　金乡县人民医院
马世远　济宁市第一人民医院
孙卫华　济宁市医疗保险事业中心
高艳春　金乡县人民医院

前　言

医疗保险制度改革和医疗保障体系的建立和完善，是中国医药卫生体制改革的重要组成部分，也是保障公民健康权益，实现医疗资源公平分配的重要手段。建立全面的医疗保障体系，可以有效降低医疗费用的负担，为公民提供更加全面、优质的医疗服务，促进经济的可持续发展。

为构建覆盖全民的医疗保险制度体系，提升医疗保障水平，增强人民的幸福感、获得感，中国持续不断推进医疗保险制度的改革与发展。从新中国成立初期实行的适应计划经济体制的劳保、公费医疗，到适应市场经济体制的城镇职工医疗保险制度，再到建立全民医保制度，开启全面建设新时代中国特色医疗保障体系的新征程，中国医疗保险制度的改革发展始终与时代共进，与人民健康同行。

《医疗保险制度与管理》一书梳理了中国医疗保险制度产生与发展的历程，阐述了医疗保险的基本理论与基础知识，分析医疗保险的科学范畴，医疗保险制度模式与管理体制，基本医疗的内涵及界定等等；讲解医疗保险的有关技术和操作方法，介绍医疗保险费用的结算办法，重点陈述了按病种分值付费（DIP）和按病种诊断相关组付费（DRG）的原理、特点，对医疗保险基金使用监督管理进行了全面而细致的讲解。最后，介绍了当前医疗保险管理研究热点，如药品集中采购、为应对老龄化而出台的长期护理险、打击欺诈骗保等问题，是一本实用又具有指导意义的医保手册。可作为卫生事业管理专业、保险专业、劳动和社会保障专业、医学法律专业等相关专业人员研究参考使用，也可加深普通人对中国现行医保制度的了解和应用。

由于水平有限，经验欠缺，难免存在疏漏或不足之处，请广大读者多提宝贵意见。

目 录

第一章 医疗保险概论 ··· 1
 第一节 医疗风险 ··· 1
 第二节 医疗保险的定义、起源和发展 ······························ 3
 第三节 中国医疗保险的产生、发展 ································· 5
 第四节 中国医疗保险主要制度体系 ································· 9
 第五节 医疗保险的模式和特征 ···································· 14

第二章 医疗保障管理体系 ·· 18
 第一节 管理体制 ·· 18
 第二节 医疗保障局的组建 ··· 24
 第三节 深化医疗保障制度改革 ···································· 29

第三章 医院医疗保险管理 ·· 39
 第一节 医院医疗保险管理概述 ···································· 39
 第二节 医保管理机构组织管理 ···································· 45
 第三节 医院医疗保险组织管理 ···································· 49
 第四节 医院医疗保险基础管理 ···································· 61

第四章 基本医疗保险基金筹集和待遇清单 ·························· 67
 第一节 基本医疗保险基金筹集 ···································· 67
 第二节 医疗保险基金管理 ··· 71
 第三节 基本医疗保险制度的保障项目和费用分担方式 ··········· 74
 第四节 医疗保障待遇清单制度 ···································· 81

第五章 医疗保险目录管理 ·· 91
 第一节 医疗保险"三个目录" ···································· 91
 第二节 药品集中采购 ··· 95
 第三节 医疗服务价格管理 ·· 106

第六章 医疗保险付费方式概论 ······································ 112
 第一节 医疗保险付费方式概述 ··································· 112

第二节　我国医疗保险付费方式的改革进程 …………………… 120
　　第三节　付费方式改革的原则 ………………………………… 124
　　第四节　付费方式改革的发展趋势 …………………………… 127
第七章　DRG/DIP 付费 ……………………………………………… 130
　　第一节　DRG/DIP 简介 ……………………………………… 130
　　第二节　按疾病诊断相关分组（DRG）付费 ………………… 134
　　第三节　按病种分值付费（DIP） …………………………… 147
第八章　长期护理保险 ……………………………………………… 159
　　第一节　长期护理保险制度 …………………………………… 159
　　第二节　资金筹集 ……………………………………………… 162
　　第三节　我国长期护理保险制度的试点和发展 ……………… 164
第九章　生育保险制度 ……………………………………………… 177
　　第一节　生育保险制度的特点和保障原则 …………………… 177
　　第二节　生育保险制度的保障 ………………………………… 180
　　第三节　生育保险制度的内涵、建立和改革 ………………… 186
第十章　医疗保障基金监督管理 …………………………………… 199
　　第一节　医疗保障基金风险 …………………………………… 199
　　第二节　医疗保障基金监督机制 ……………………………… 204
　　第三节　医保基金监督管理成效 ……………………………… 211
　　第四节　中国医疗保障基金监督机制 ………………………… 214
　　第五节　医疗保障基金使用常态化监管 ……………………… 217
参考文献 ……………………………………………………………… 223

第一章 医疗保险概论

第一节 医疗风险

风险就是指发生不幸事件的概率,即一个事件产生我们所不希望的后果的可能性。风险是客观存在的,是不以人的主观意志为转移的。

医疗风险也同样存在于医疗过程中。它具有客观性、永恒性和危害性,主要包括医疗意外、医疗并发症(含疾病本身可能的并发症)、医疗差错和医疗事故等。

一、医疗风险的特征

医疗风险具有以下特征。

1.社会属性

医疗风险具有社会属性,是一个伦理问题、哲学问题,是伴随社会的进步而系统发展的。医护水平与国家经济社会发展水平相适应。人类从被动生存到适应自然和改造自然,从逐渐认识自己到找到维护健康的方法,需要经历一个漫长的过程。

2.技术属性

疾病严重威胁人的健康和生命。其救治是否及时、诊断是否准确、治疗方案是否有效均具有不确定性。医护安全与国家医护科技发展水平相适应。患者对自己疾病状况的感知和医生的认知是一个复杂的、不断循证的过程。

3.制度属性

患病后的整个诊疗过程需要由个人和家庭全程参与；需要医药机构的参与，选用合适的药物和技术；需要提供与国家经济社会发展水平相适应的基本保健，这是各国政府的责任。

二、医疗风险的种类

医疗风险包括以下几类。

1.责任风险

责任风险是指因医护人员责任心不强，造成漏诊、误诊，甚至直接导致患者死亡的风险，包括医疗差错或医疗事故等。

2.技术风险

技术风险是指因技术掌握不够或不全面而出现的诊疗损害。由于各级医疗机构人员配备、医疗器材配置的差异，对疾病的诊疗也会出现差错，因而产生医疗风险。

3.设施风险

由于医疗设施不到位，导致医疗损害，如地面防滑措施不力，致病员摔伤；电器设备存在质量瑕疵损害病员或其他人员的身体、供电设施出差错导致手术耽搁等等。

4.医疗意外

医疗意外是指基于非医患双方的原因而产生的不可防范的意外事件，包括疾病的并发症。

根据其是否合理，将医疗意外分为以下两类：一类属于合理范畴，主要包括疾病的严重性、医疗技术相对滞后于疾病发生、人口老龄化、因生活方式转变而引起的疾病谱系的改变等；另一类属于不合理范畴，主要包括医疗机构提供过度医疗、医生为赚取回扣而不恰当地使用高价药物、医疗差错、医疗事故、非医保人员的冒名就医等。

第二节 医疗保险的定义、起源和发展

一、医疗保险的定义

医疗保险一般指基本医疗保险，是指为了补偿劳动者因疾病造成的经济损失而建立的一项社会保险制度。这项制度的主要内涵，是通过用人单位与个人缴费，建立医疗保险基金，当参保人员患病就诊发生医疗费用后，由医疗保险机构对其给予一定的经济补偿。

基本医疗保险制度的建立和实施集聚了单位和社会成员的经济力量以及政府的资助，可以使患病的社会成员从社会获得必要的经济帮助，减轻医疗费用负担，防止患病的社会成员"因病致贫"。

二、医疗保险的主要特征

（一）基于劳动关系产生

德国是启动、实施医疗保险最早的国家，其医疗社会保险立法是统治者和资本家对工人运动的妥协，社会医疗保险的参保主体主要是用人单位和职工，医疗保险是基于劳动关系产生的。

（二）社会互济性

医疗保险的基本原理就是互助共济，通过大数法则筹集资金，依法约束健康者帮助患病者分担昂贵的医药费用。有些国家依法实行用人单位为职工代扣代缴，进入互联网时代以后，伴随平台经济、个体经济和灵活就业的发展，个人直接参保和实现社会互济性的医疗保险计划开始普及。

（三）团体采购优势

随着参保人数的逐步增加，医疗保险基金集体购买的优势越来越显现出来。社会医疗保险和商业健康保险在定价、采购、支付和监督等方面均可以

发挥团购优势，保护参保人利益。受法律授权、参保人员规模和信息使用权限等因素的影响，社会医疗保险的团购优势更加突出。

（四）需要专业化管理

随着参保人数增加、经济规模增大和参保人员诉求的逐步提高，医疗保险管理服务的任务越来越重，且管理内容涉及病案质量、临床路径、药品和卫生材料及器械的质量等，专业化程度越来越高，管理和操作难度超过其他保险项目，学懂弄通社会医疗保险政策和商业健康保险合同是一件很难的事情。基于此，实行专业化管理势在必行。

三、医疗保险的功能

医疗保险具有两个功能，一是分担参保患者的医药费用，二是将分担的资金补偿给提供医药服务的机构，即补供方。涉及产业发展问题，医疗保险作为第三方付费者，代表参保人以团购者身份，监督医药服务质量与安全，谈判价格和集中采购；通过支付方式改革引导医护资源合理配置，实现医护服务的可及性。

四、医疗保险的基本原则

（一）全覆盖、保基本

基于国家义务、政府责任和经济承受能力，基本医疗保险应当坚持全覆盖、保基本的原则，建立筹资基准、待遇清单、补偿机制和监督机制。响应世界卫生组织提出的倡议，21世纪让人人享有基本保健，过上体面的、有质量的生活。商业健康保险具有一定的排他性，可在基本医疗保险待遇清单之外建立补充性待遇清单。

（二）公益性、持续性

坚持以人民健康为中心，医疗保险作为第三方付费者，需要与医药服务提供者和参保患者之间建立良好的治理关系。医护机构以公益为主，药物供给准市场化，建立公平的协商、谈判与定价、采购的运行机制。

（三）公共品、共付制

公共卫生属于公共产品，基本医疗属于准公共产品。公民应当依法履行参保缴费的义务。①参加基本医疗保险，在患病时由社会统筹基金分担医药费用后，由个人支付剩余的医药费用。②购买商业健康保险，分担基本医疗保险支付范围以外的医药费用和享有个性化医护服务。③社会救助属于公共产品。一是为那些为国家和人民做出牺牲和奉献的荣誉国民提供体面的医护保障；二是为贫困人口提供兜底性服务，避免发生因病致贫的问题。

（四）政府责任、社会治理

众所周知，国家和政府是建立基本医疗保险制度的发起人和监督者。国家依法规范政府的预算、经办和监督责任。同时，国家和政府还要坚持以人民健康为中心，为医、患、保等利益相关人建立社会治理机制，包括长期合作机制和利益共赢机制。建立医疗保险基金与医护机构之间的协议管理制度，建立医疗保险基金与药品、医用器材供应商之间的协商谈判、定价与采购机制。

第三节 中国医疗保险的产生、发展

医疗保障是重大民生问题。经过多年改革，中国医疗保险制度改革取得了巨大成就，在制度上实现了全民覆盖，在实际运行中做到了广覆盖，满足了参保人员的基本医疗需求，实现了基本医疗保险基金收支平衡，且略有结余。以上成绩得到国际社会认可，2016年11月14日至18日，国际社会保障协会（英文简称 ISSA）第 32 届全球大会召开，国际社会保障协会授予中华人民共和国政府"社会保障杰出成就奖"，以表彰中国近年来在扩大社会保障覆盖面工作中取得的卓越成就。

中国医疗保险制度改革的演进过程，可以划分为四个时期。

一、探索试点时期（20世纪80年代中期至1998年底）

这个时期又可分为三个阶段：

（1）1994 年以前为自发试验探索阶段。从 20 世纪 80 年代开始，一些城市目睹公费、劳保医疗制度日益凸显的弊端和难以为继的现状，自发进行改革探索，其内容主要是医疗费用与个人收入适当挂钩等，以遏制医疗费用不合理增长和医疗资源的严重浪费。

（2）1994 年至 1996 年为有组织有指导地进行城镇职工医疗保险制度改革试点阶段。原国家体改委等四部委出台"指导意见"，在江苏镇江市、江西九江市进行试点，史称"两江试点"。主要是探索职工医保制度的实现形式和具体办法。

（3）1996 年 4 月至 1998 年底为扩大试点阶段。以国务院办公厅《关于职工医疗保障制度改革扩大试点的意见》（国办发〔1996〕16 号）为指导，将试点范围扩大到全国 40 多个城市。主要是在更大的范围内检验试点成果、发现问题、探索规律、选择制度模式、完善政策体系。

二、建立城镇职工基本医疗保险制度时期（1999年至2003年）

在经过 4 年多的试点和扩大试点探索的基础上，以 1998 年 12 月国务院《关于建立城镇职工基本医疗保险制度的决定》（国发〔1998〕44 号）为标志，在全国普遍建立城镇职工医保制度，同时建立企业补充医疗保险、公务员医疗补助、发展商业健康保险作为补充。将实施了 40 多年的公费医疗制度，即企业（单位）保障转变为社会保险，这是一个根本性、历史性的大变革。

在党中央、国务院的领导下，在短短几年时间里，这项制度就基本建立起来，覆盖面不断扩大，保障水平逐步提高，运行总体平稳，参保者比较满意，并且为后来建立新农合和城镇居民医保奠定了基础，提供了借鉴。

三、建立全民医疗保险制度时期（2003 年至 2018 年）

这个时期，继续健全职工医保制度，有效提高了保障质量和保障绩效，可分为六个各有侧重的阶段。

（1）建立"新农合"（2003 年起）。此阶段，财政投入力度加大，将建立于 20 世纪五六十年代的农村合作医疗制度改革为新型农村合作医疗制度，简称"新农合"（社保法将其定义为农村居民基本医保制度），目的是解决广大农村居民的基本医疗保障。

（2）建立社会医疗救助制度（2003 年起）。主要是解决特困人群（城市低保户、农村"五保户"、重度残障人士等）的基本医疗保障。

（3）建立城镇居民基本医疗保险制度（2007 年起）。以国发 20 号文件开始试点，一年后便开始全面实施。主要是解决城镇中没有就业能力的"一老一小"的基本医疗保障。由于财政投入由少到多的不断增加（10 年增加了 10 倍），这项制度推进最为迅速，成效也非常显著。

（4）建立大病保险制度（2012 起）。党的十八大正式提出建立重特大疾病保障和救助制度，十八届三中全会通过的《中共中央关于全面深化改革若干重大问题的决定》中又做了进一步明确，但在实际操作中将其演变为"大病保险制度"，2012 年国家发展和改革委员会等六部委出台了《关于开展城乡居民大病保险工作的指导意见》（发改社会〔2012〕2605 号），要求开展大病保险工作。

（5）整合城乡居民医保制度（2016 年至今）。虽然党的十八大就提出了整合城乡居民医保制度的要求，国务院也列出了"时间表"，并于 2013 年在全国两会上做出了庄严承诺，但却迟迟未能如期落地。直到 2016 年初国务院出台了《关于整合城乡居民基本医疗保险制度的意见》（国发〔2016〕3 号），"整合"（即"六统一"）才驶入快车道。

（6）探索建立长期护理保险制度（2016 年）。党的十八届五中全会提出，探索建立长期护理保险制度。并于 2016 年 6 月出台了《关于开展长期护理保险制度试点的指导意见》（人社厅发〔2016〕80 号），在 15 个城市先行开展试点，截至目前，试点进展顺利，全国已有 49 个试点城市，且成效明显，为全面建立此项制度探索了可资借鉴的路径和办法。

四、全面建设习近平新时代中国特色医疗保障体系时期（2018年至今）

党的十九大以来，出台了一系列政策举措，全面推进医疗保障制度改革，优化制度设计与治理结构，有力推动医疗保障的高质量发展。

（1）医疗保障制度改革的顶层设计日益清晰。2020 年，中共中央国务院《关于深化医疗保障制度改革的意见》发布，强调要加快建成覆盖全民、城乡统筹、权责清晰、保障适度、可持续的多层次医疗保障体系。2021 年 9 月 15 日，国务院常务会议审议通过"十四五"全民医疗保障规划，对"十四五"时期医疗保障制度的改革与发展做出了部署。

（2）医疗保障管理体制改革取得重大进展。党的十九大以后，在深化党和国家机构改革的过程中，积极推进医疗保障管理体制改革，并取得了重大进展。在 2018 年的机构改革中，成立了国家医疗保障局，整合了原来由人社部、国家卫健委、国家发展和改革委员会、民政部等部门的医疗保障管理职责，统筹推进"三医联动"改革。

（3）医疗保障扶贫成效明显。在反贫困过程中，注重发挥医疗保障的作用，减轻贫困人口的医疗负担，防止"因病致贫、因病返贫"现象的发生。2018—2020 年，国家医疗保障局等部门连续发布多项医疗保障反贫困的政策文件，提出一系列推进医疗保障反贫困的举措。

（4）不断加强和完善医保基金监管。为确保医保基金的安全、公平和高效使用，国家积极加强医保基金监管。2018 年 11 月，国家医疗保障局、财政部出台了《欺诈骗取医疗保障基金行为举报奖励暂行办法》。2020 年 6 月，国务院办公厅发布了《关于推进医疗保障基金监管制度体系改革的指导意见》。2020 年 12 月，国务院第 117 次常务会议通过的《医疗保障基金使用监督管理条例》，对医疗保障基金的使用监督管理做出了更加明确的规定，提出一系列具体的思路和举措。

（5）完善医疗保障待遇补偿机制。探索建立医疗保障待遇清单制度，确定了基本医疗保障的内涵，厘清了待遇支付的边界，明确了政策调整权限，规范了医疗保障决策制定流程。同时，深入推进支付方式改革，全面推行以 DRG/DIP 付费方式改革为主的多元复合式医保支付方式。不断完善异地就医即时结算工作，出台了跨省异地就医住院和门诊费用直接结算工作的政策文件。推动完善"互联网+"医疗服务的医保支付政策。建立健全职工基本医疗保险门诊共济保障机制，建立完善职工医保普通门诊费用统筹保障机制。

（6）助力打赢疫情防控攻坚战。为应对突如其来的新冠疫情，积极推动疫情防控，充分发挥医疗保障在疫情防控中的重要作用，相关部门出台了一系列政策文件，强调确保患者不因费用问题影响就医。2020 年 2 月，国家医保局、财政部、税务总局对职工医保单位缴费部分实行减半征收，减征期限不超过 5 个月。此外，国家医保局等部门发布了相关政策文件，就疫情防控期间优化医疗保障经办服务、开展"互联网+"医保服务等方面提出了具体要求。

综上所述，中国医疗保险制度改革的演进，是一个从探索试点起步、梯次推进逐步完善的渐进式改革过程。其显著特征和基本经验，一是实践性，二是创新性。概括起来，中国的医疗保险制度改革就是从中国的基本国情出发，把理论与实践、需要与可能、顶层与基层有机结合起来，充分发挥我们的制度优势、政治优势和组织优势，走自己的路。在遵循社会保险基本规律、基本原则、学习借鉴别国好的经验的基础上，用中国智慧、中国办法，解决中国的问题，办好中国的事情，建设具有中国特色的医疗保障制度。

第四节　中国医疗保险主要制度体系

中共中央、国务院颁布的《关于深化医疗保障制度改革的意见》（中发〔2020〕5 号）明确指出，中国现行医疗保险制度由基本医疗保险、大病保险、医疗救助三部分构成。随着城乡一体化的实现，中国逐步建立了统一的城乡居民基本医疗保险，各险种分别从政策上覆盖了城镇就业人口、城镇非就业人口和农村人口。《国务院办公厅关于印发"十四五"全民医疗保障规划的通知》（国办发〔2021〕36号）指出，"制度体系更加完善"。截至2021年，以基本医疗保险为主体，医疗救助为托底，补充医疗保险、商业健康保险、慈善捐赠、医疗互助等共同发展的多层次医疗保障制度框架基本形成，统一的城乡居民基本医疗保险和大病保险制度全面建成；基本医疗保险统筹层次稳步提高；生育保险与职工基本医疗保险合并实施；长期护理保险制度试点顺利推进，更好满足了人民群众多元化医疗保障需求。

据《2022年全国医疗保障事业发展统计公报》统计数据表明，截至2022年底，全国基本医疗保险（以下简称基本医保）参保人数134592万人，参保率稳定在95%以上；参加职工医疗保险人数36243万人。其中，在职职工26604万人，退休职工9639万人；在职退休比为2.76；城乡居民基本医疗保险人数98349万人，其中成年人、中小学生儿童、大学生分别为72056万人、24359万人、1935万人，占居民参保总人数的73.26%、24.77%、1.97%。

一、基本医疗保险

基本医疗保险由城镇职工基本医疗保险制度、城乡居民基本医疗保险制度两大主体制度组成：基本医疗保险实行个人账户与统筹基金相结合，能够保障广大参保人员的基本医疗需求，其主要用于支付一般的门诊、急诊、住院费用。

《中华人民共和国社会保险法》第三章第二十三条规定，职工应当参加职工基本医疗保险，由用人单位和职工按照国家规定共同缴纳基本医疗保险费；无雇工的个体工商户、未在用人单位参加职工基本医疗保险的非全日制从业人员以及其他灵活就业人员可以参加职工基本医疗保险，由个人按照国家规定缴纳基本医疗保险费。第二十五条规定，国家建立和完善城镇居民基本医疗保险制度。城镇居民基本医疗保险实行个人缴费和政府补贴相结合。享受最低生活保障的人、丧失劳动能力的残疾人、低收入家庭六十周岁以上的老年人和未成年人等所需个人缴费部分,由政府给予补贴。第二十七条规定,参加职工基本医疗保险的个人,达到法定退休年龄时累计缴费达到国家规定年限的,退休后不再缴纳基本医疗保险费,按照国家规定享受基本医疗保险待遇;未达到国家规定年限的,可以缴费至国家规定年限。第二十八条规定,符合基本医疗保险药品目录、诊疗项目、医疗服务设施标准以及急诊、抢救的医疗费用,按照国家规定从基本医疗保险基金中支付。第三十条规定,以下医疗费用不纳入基本医疗保险基金支付范围:

(1)应当从工伤保险基金中支付的;

(2)应当由第三人负担的;

(3)应当由公共卫生负担的;

(4)在境外就医的。

医疗费用依法应当由第三人负担,第三人不支付或者无法确定第三人的,由基本医疗保险基金先行支付。基本医疗保险基金先行支付后,有权向第三人追偿。

二、大病保险

"大病保险"是在基本医疗保险的基础上,对大病患者发生的高额医疗费用给予进一步保障的一项制度性安排,目的是使绝大部分人不会再因疾病陷入经济困境。《国务院办公厅关于印发"十四五"全民医疗保障规划的通知》(国办发〔2021〕36号)提出,要"完善和规范城乡居民大病保险制度,加强与基本医疗保险和医疗救助的衔接,提高保障能力和精准度"。

三、医疗救助

医疗救助是保障困难群众基本医疗权益的基本性制度安排,在助力脱贫攻坚,防止因病致贫、因病返贫等方面发挥重要作用。

《社会救助暂行办法》(中华人民共和国国务院令第649号)第二十七条规定,国家建立健全医疗救助制度,保障医疗救助对象获得基本医疗卫生服务。第三十一条提出，县级以上人民政府应当建立健全医疗救助与基本医疗保险、大病保险相衔接的医疗费用结算机制，为医疗救助对象提供便捷服务。第二十八条规定下列人员可以申请相关医疗救助：

（1）最低生活保障家庭成员；

（2）特困供养人员；

（3）县级以上人民政府规定的其他特殊困难人员。

《国务院办公厅关于印发"十四五"全民医疗保障规划的通知》（国办发〔2021〕36号）明确提出，要"统一规范医疗救助制度"，实施分层分类救助，规范救助费用范围，合理确定救助标准。建立健全防范和化解因病致贫返贫长效机制，协同实施大病专项救治，积极引导慈善组织等社会力量参与救助保障，强化互联网个人大病求助平台监管，促进医疗救助与其他社会救助制度的衔接。完善疾病应急救助管理运行机制，确保需急救的急重危伤病患者不因费用问题影响及时救治。

四、补充医疗保险

补充医疗保险由公务员医疗补助、企业补充医疗保险、退役军人（优抚对象）医疗补助构成。公务员医疗补助是国家公务员在享受基本医疗保险的基础上对自己负担的医疗费用进行再报销而建立的医疗补助制度。企业补充医疗保险是指一些经济条件较好的企业在参加基本医疗保险的基础上，可以为职工和退休人员建立补充医疗保险，支付项目类似公务员医疗补助，但单位有更多的自主权。《国务院办公厅关于印发"十四五"全民医疗保障规划的通知》（国办发〔2021〕36号）提出，要"规范补充医疗保险"，逐步规范职工大额医疗费用补助、企业补充医疗保险等制度。

五、城乡居民医保制度

随着经济社会的快速发展，城镇居民基本医疗保险（以下简称城镇居民医保）和新型农村合作医疗（以下简称新农合）两项制度按人群和城乡分设、医保管理按照城乡二元化分割、城乡医疗保险水平存在明显差距的负面作用开始显现，存在着重复参保、重复投入、待遇不够等问题。在总结城镇居民医保和新农合运行情况以及地方探索实践经验的基础上，《国务院关于整合城乡居民基本医疗保险制度的意见》（国发〔2016〕3号），明确提出整合城镇居民医保和新农合两项制度，建立统一的城乡居民基本医疗保险（以下简称城乡居民医保）制度。整合后的城乡居民医保将实现统一覆盖范围、统一筹资政策、统一保障待遇、统一医保目录、统一定点管理、统一基金管理的"六统一"思路。城乡居民医疗保险制度的建立对推进医药卫生体制改革、实现城乡居民公平享有基本医疗保险权益、促进社会公平正义、增进人民福祉，以及对促进城乡经济社会协调发展、全面建成小康社会具有重要意义。

《中共中央、国务院关于深化医疗保障制度改革的意见》（中发〔2020〕5号）提出，要"推进法定医疗保障制度更加成熟定型，健全重特大疾病医疗保险和救助制度，统筹规划各类医疗保障高质量发展，根据经济发展水平和基金承受能力稳步提高医疗保障水平"。

《意见》着重提出，要"完善基本医疗保险制度"，要坚持和完善覆盖全民、依法参加的基本医疗保险制度和政策体系，职工和城乡居民分类保障，待遇与缴费挂钩，基金分别建账、分账核算；要统一基本医疗保险统筹层次、医保目录，规范医保支付政策确定办法；要逐步将门诊医疗费用纳入基本医疗保险统筹基金支付范围，改革职工基本医疗保险个人账户，建立健全门诊共济保障机制。

《意见》强调，要实行医疗保障待遇清单制度。建立健全医疗保障待遇清单制度，规范政府决策权限，科学界定基本制度、基本政策、基金支付项目和标准，促进医疗保障制度法定化、决策科学化、管理规范化；要严格执行基本支付范围和标准，实施公平适度保障，纠正过度保障和保障不足问题。

《意见》提出，要健全统一规范的医疗救助制度。要全面落实资助重点救助对象参保缴费政策，健全重点救助对象医疗费用救助机制。建立防范和化解因病致贫返贫长效机制；要增强医疗救助托底保障功能，通过明确诊疗方案、规范转诊等措施降低医疗成本，提高年度医疗救助限额，合理控制贫困群众政策范围内自付费用比例。

《意见》提出，要"完善重大疫情医疗救治费用保障机制"。要健全重大疫情医疗救治医保支付政策，完善异地就医直接结算制度，确保患者不因费用问题影响就医。探索建立特殊群体、特定疾病医药费豁免制度，有针对性地免除医保目录、支付限额、用药量等限制性条款，减轻困难群众就医就诊后顾之忧。统筹医疗保障基金和公共卫生服务资金使用，提高对基层医疗机构的支付比例，实现公共卫生服务和医疗服务有效衔接。

要"促进多层次医疗保障体系发展""强化基本医疗保险、大病保险与医疗救助三重保障功能，促进各类医疗保障互补衔接，提高重特大疾病和多元医疗需求保障水平"。要"完善和规范居民大病保险、职工大额医疗费用补助、公务员医疗补助及企业补充医疗保险。加快发展商业健康保险，丰富健康保险产品供给，用足用好商业健康保险个人所得税政策，研究扩大保险产品范围"。

第五节 医疗保险的模式和特征

按照医疗费用筹集方式通常将医疗保险分为四种模式，分别是国家医疗保险模式、社会医疗保险模式、商业医疗保险模式和个人储蓄医疗保险模式。按医疗服务的供求关系分类可以分为直接关系型和间接关系型。按医疗费用负担方式可分为患者全免费、免费、自费等类型。

一、国家医疗保险模式

国家医疗保险模式也称为国家卫生服务制度，是指政府以税收或缴税的方式筹集资金，通过国家财政预算拨款和建立专项基金的形式，向医疗机构提供资金，由医疗机构向国民提供免费或低收费的医疗服务。其代表性国家有英国、澳大利亚等。

国家医疗保险模式有以下几个特征：医疗保险筹资来源主要是政府通过税收的形式筹集；医疗服务福利化，医疗服务体系是国家福利的一部分，政府直接参与医疗服务机构的建设；国家全体公民都成为医疗保险的保障对象，医疗服务提供的主体是公立医疗机构；医疗服务的高度计划性，医疗卫生资源的配置和医疗服务价格几乎不受市场机制的影响和调节。

国家医疗保险模式能够体现公平性，通过国家行政手段合理配置医疗资源，成本低廉。但也存在医疗机构运行缺乏活力，医务人员工作积极性不高，医疗服务效率不高等问题，而公民则表现为过度需求，供需矛盾较突出；宏观上国家财政对免费医疗不堪重负。

英国的国家医疗保险制度由国家通过税收，对全国居民实行免费医疗保健服务。英国的公务员以及普通公民原则上都可以免费享受国民医疗保健服务，国民保健服务是大多数人医疗保健的主要渠道。在英国，国民医疗保障服务的费用主要来源于中央政府的税收（80%以上），社会保险、地方公共卫计部门和个人各占很小的部分。医疗保险费用由专门的工作组负责分配，并有财政部门代表参与，中央政府将保健费用首先分到各地区卫生局，然后再由各地卫生局分配到地段卫生局，再根据各地区居民的具体情况确定分配方案。

二、社会医疗保险模式

社会医疗保险是按照大数法则分摊风险的机制和社会互助原则，将少数社会成员随机产生的各种疾病风险分散到全体社会参保成员的一种医疗保险制度。社会医疗保险一般通过国家立法强制实施，其基金的筹集主要来自雇主和雇员的缴费，政府酌情补贴，当参保劳动者及其家属因患病、受伤或生育而需要医治时，由社会医疗保险基金提供部分基金支付。世界上有一百多个国家采取这种模式，是使用率最高的医疗保险制度模式，其代表国家有德国、法国、日本和韩国等。

社会医疗保险模式主要特征有：筹资方式大多通过法律法规限定在一定收入水平范围内的居民按规定数额或比例缴纳保险费；资金统筹，互助共济，现收现付，属于个人收入的再分配，体现社会公平；社会医疗保险基金管理的基本原则是"以支定收，以收定支，收支平衡"；根据不同经济发展水平和卫生服务目标，保障基本医疗服务；医疗服务的消费方式为免费或先付后报销；医疗费用的补偿方式为对患者、对医疗服务提供者。

德国是世界上最早建立社会医疗保险制度的国家，其建立了较为完备的法定医疗保险和私人医疗保险系统，共同构成了德国的医疗保险体系。医疗保险资金来源主要是雇主和雇员的缴费，政府不拨款，银行也不贷款，政策规定每个人承受的负担最多为其收入的 2%。法律规定，法定医疗保险的参加者分为义务保险者和自由保险者。义务保险者是指税前月薪收入不超过法定义务界限（1998年的标准是，德国西部6300马克，德国东部5250马克）的就业者、失业者、领取养老金的退休人员、大学生和就业前的实习生等，这些人必须参加法定医疗保险。按照有关规定，投保者的配偶及其子女在一定情况下也可以享受医疗保险待遇。

三、商业医疗保险模式

商业医疗保险模式是将医疗保险作为一种商品按市场原则自由经营的保险形式。即通过市场来筹集费用和提供服务，对医疗保险机构、医疗服务机构和医疗服务供给及价格实行市场调节，属营利性质，政府基本不干预或很少干预。商业性医疗保险同法定社会医疗保险相对应，它作为一种商品可以在市场上自愿买卖，故也称自愿保险。其代表国家有美国、菲律宾等。

商业医疗保险模式的特点包括：社会人群通过自愿入保共同分担意外事故造成的经济损失；由保险人与被保险人签订合同，缔结契约关系，双方履行权利与义务；商业性医疗保险机构大多数以盈利为目的，保险配置自由灵活、多样化，根据社会不同需要产生的不同险种开展业务，其供求关系由市场调节，适应社会多层次需求；医疗消费者的自由选购迫使保险组织在价格上开展竞争，提供价廉质优的医疗服务，也迫使服务提供者（医院、医生）降低医疗服务成本，从而控制医疗保险费用。

美国医疗保险是典型的商业医疗保险模式，主要是由三个部分组成。第一部分是社会医疗保险，由美国联邦政府和州、地方政府所办，用来帮助弱势人群（老人、穷人）的强制性医疗保险计划，包括老年医疗保险制度、医疗救助制度、工伤补偿制度、少数民族免费医疗、军人医疗计划和儿童健康保险计划。第二部分是私人医疗保险，私人医疗保险在美国医疗保险模式中承担着重要的角色，美国有 50%的医疗费用都来自私营医疗保险计划。商业保险公司在美国约有 1000 多家，是以营利为目的而提供给个人和团体医疗保险的公司。第三部分是管理式组织，是由保险人和医疗服务提供者联合提供医疗保险的组织形式，是一种预付制模式。因其在节省医疗费用和提高医疗质量方面的成效，已逐渐成为在美国占主导地位的医疗保险形式。

四、储蓄医疗保险模式

储蓄医疗保险制度是一种通过立法强制劳方或劳资双方缴费，以雇员的名义建立保健储蓄账户（即个人账户），用于支付个人及家庭成员的医疗费用的医疗保险制度。这种类型的代表国家是新加坡、马来西亚等。

储蓄医疗保险模式有如下特点：首先，筹集医疗基金，既不是强制性地纳税，也不是强制性地缴纳保险费或自愿购买医疗保险，而是根据法律规定，强制性地储蓄医疗基金；其次，储蓄保险是以家庭为单位"纵向"筹资，贮存一定数额基金，延续使用，缓解疾病风险；第三，以储蓄为基础的医疗保险模式有利于提高个人的责任感，鼓励人们审慎地利用医疗服务，尽可能地减少浪费；第四，基本上能解决本代人的医疗保健问题（社会医疗保险和商业保险都难以解决青年人与老年人之间在费用负担上的"代沟"）。

以新加坡为例，新加坡的医疗保险制度是以个人责任为基础，政府负担部分费用并严格控制费用增长，以保证政府和个人都能承受基本的医疗服务。其医疗保险体系由政府补贴与保健储蓄计划、健保双全计划和保健基金计划等三种保险计划组成，通过政府补贴和三种保险计划来保证每个公民都能获得最基本的医疗服务。

第二章　医疗保障管理体系

第一节　管理体制

中国的医保制度从共和国成立之初的计划经济时期的劳保、公费医疗制度，演进发展成为社会主义市场经济时期的全民基本医疗保险制度，正在向新时代全面建成中国特色的医疗保障体系迈进。

一、管理体制变迁

经过70多年的发展，中国医疗保险制度从产生、转型、发展、壮大到完善、成熟、定型，其发展历程大体可分为四个时期。

（一）公费、劳保医疗保障制度时期

1951年2月26日，《中华人民共和国劳动保险条例》颁布，规定了职工在疾病、非因工负伤和残废情形下的保障政策，被称为"劳保医疗"。以《中华人民共和国劳动保险条例》为依据，由企业从职工福利费中列支，建立起劳保医疗制度。

1952年6月27日，《中央人民政府政务院关于全国各级人民政府、党派、团体及所属事业单位的国家工作人员实行公费医疗预防的指示》颁布，决定在国家工作人员范围内实施公费医疗制度。

1952年8月30日，卫健委发布《国家工作人员公费医疗预防实施办法》，中国正式开始实施公费医疗制度。《国家工作人员公费医疗预防实施办法》

规定："各级人民政府应将公费医疗预防经费列入财政预算，由各该级卫生行政机关掌握使用""凡中央各机关之直属单位设在地方者，其人员所需公费医疗预防的医药费由中央拨给地方卫生行政机关统筹统支"。至此，中国建立起与国民经济恢复时期和计划经济时期相适应的公费、劳保医疗保障制度，为城市企业职工（主要是国有企业职工）和国家机关事业单位的工作人员，提供了当时经济条件所能承担的医疗保障。

20世纪60年代，农村合作医疗制度在全国农村普遍建立。这种在农民自愿互助的基础上，依靠集体经济建立起来的互助合作医疗保障制度和"赤脚医生"制度，成为农民群众的集体福利事业，为缓解农村缺医少药的矛盾和广大农民看不起病或看病难的问题，发挥了历史性的重要作用。

公费、劳保医疗保障制度（包括合作医疗、"赤脚医生"制度），在中国实施了40多年。在当时的历史条件下，这个制度对保障企业工人和机关、事业单位工作人员、革命伤残军人的身体健康，促进社会主义建设，发挥了重要作用，应当成为全国人民的历史记忆并载入史册。但是随着经济社会的发展进步，这个制度固有的缺陷和弊端日渐凸显：保障范围过窄，获得保障的人数太少；保障待遇参差不齐，缺乏共济性与公平性；企业负担畸轻畸重，不少企业拖欠职工医疗费；社会资源浪费严重，医疗费用不合理、过快增长等。

（二）医疗保险制度探索时期

公费医疗和劳保医疗制度运行了40多年的时间，对于保障职工身体健康、促进经济发展起到了重要作用。但是，由于医疗经费缺乏合理的筹措机制和个人积累机制，导致企业出现困难时职工得不到应有保障，医疗费用缺乏有效制约导致医疗费用严重浪费，制度覆盖面窄，大多数劳动者得不到保障。面对这些问题，改革势在必行。

1989年，国务院批转《1989年经济体制改革要点》，提出在辽宁省丹东市、吉林省四平市、湖北省黄石市、湖南省株洲市进行医疗保险制度改革试点。同时，在深圳市、海南省进行社会保障制度综合改革试点。

1993年11月4日，党的十四届三中全会通过《中共中央关于建立社会主义市场经济体制若干问题的决定》，确立社会主义市场经济的改革方向和基本内容，同时要求探索建立与市场经济相适应的社会保障体系，建立统一的社会保障管理机构。

1994年，国家体改委等四部委制定了《关于职工医疗保险制度改革的试点意见》。从1995年开始在江苏省镇江市、江西省九江市，进行职工医疗保障制度改革试点（史称"两江"试点）。1996年，在总结"两江"试点的做法和经验的基础上，为了进一步检验政策、发现问题、总结经验、探索规律、完善政策体系和体制机制，国务院决定扩大试点范围，扩大试点进行了两年多时间。

在江苏省镇江市和江西省九江市试点的基础上，国务院决定建立城镇职工医疗保险制度。1998年3月，根据《国务院机构改革案》，确定在劳动部基础上组建劳动和社会保障部，建立起统一的社会保障行政机构。原来由卫健委负责的公费医疗和正在建立的城镇职工医疗保险制度改革职能，整合到新成立的劳动和社会保障部。

历时10多年的医保改革试点探索，为探索中国医保制度改革的实施路径和实现形式奠定了思想基础、群众基础、制度基础和实践基础，也为制定出台《国务院关于建立城镇职工基本医疗保险制度的决定》，正式开启中国医保制度全面改革的征程，提供了理论依据和实践依据。

（三）建立全民医保制度时期

以1998年《国务院关于建立城镇职工基本医疗保险制度的决定》（国发〔1994〕4号）为标志，中国进入全面进行医疗保障制度改革（即建立全民基本医疗保险制度）时期。

1999年至2003年，是全面建立城镇职工基本医疗保险制度阶段。

从2003年起，一是在原有农村合作医疗制度的基础上，建立新型农村合作医疗制度，这是由政府组织、引导、支持，农民自愿参加，个人、集体和政府多方筹资，以大病统筹为主的农民医疗互助共济制度。二是建立社会医疗救助制度，重点是解决重度残障人士、农村"五保户"和城镇"低保户"等困难群体的基本医疗保障，这是体现社会政策托底功能的制度安排。

2007年，国务院出台《关于开展城镇居民基本医疗保险试点的指导意见》

（国发〔2007〕20号）。经过一年左右的试点，本着由财政给予一定补助、居民自愿参加的原则，在全国建立城镇居民基本医疗保险制度，重点解决城镇居民中非就业人群的基本医疗保障。

2009年3月，中共中央国务院颁布《关于深化医药卫生体制改革的意见》（中发〔2009〕6号），开启了新一轮医药卫生体制改革。这个阶段改革的短期目标是重点解决群众"看病贵，看病难"问题，长期目标是要实现公立医疗机构的"四个分开"（政事分开、管办分开、医药分开、营利与非营利分开），建成"四个体系"（即覆盖城乡居民的公共卫生服务体系、医疗服务体系、医疗保障体系、药品流通供应保障体系）。

2012年3月，中国已基本建立全民基本医疗保险制度。这一制度覆盖全国城乡居民，参保人数超过13亿，参保率占全国总人口的95%以上，是全世界保障人数最多的医疗保险制度。

从2013年开始，进入健全完善全民医保制度阶段。截至2017年，基本完成了城乡居民基本医疗保险制度整合任务，实现了"六统一"（即统一覆盖范围、统一筹资政策、统一保障待遇、统一医保目录、统一定点管理、统一基金管理）。根据党的十八届五中全会关于加快探索建立长期护理保险制度的要求，人力资源和社会保障部出台《关于开展长期护理保险制度试点的指导意见》，并组织指导15个城市首先开展长期护理保险试点。这是社会保障体系中一项"压阵殿后"的制度（俗称"第六险"），对化解老龄化社会风险，解决数以千万计的失能人群的生活照料和医疗护理需求，确保基本医保制度可持续发展和健全完善社会保障体系等都有着不可或缺、不可替代的重要作用。

（四）全面建成中国特色医疗保障体系时期

2017年10月18日，习近平总书记在十九大报告中指出，经过长期努力，中国特色社会主义进入了新时代。中国社会主要矛盾已经转化为人民日益增长的美好生活需要和不平衡不充分的发展之间的矛盾。

在习近平新时代中国特色社会主义思想的指导下，为适应新时代中国特色社会主义发展要求，2018年3月，国务院机构改革方案确定，将人力资源和社会保障部的城镇职工和城镇居民基本医疗保险、生育保险职责，国家卫生健康委员会的新农合职责，国家发展和改革委员会的药品和医疗服务价格管理职责，民政部的医疗救助职责整合，组建国家医疗保障局，作为国务院直属机构。这就标志着中国医保改革发展进入了新时期，即全面建成中国特色医疗保障体系，推进中国医保高质量发展的新时期。这是中国医保制度演进发展的更高层级，也是中国医保制度走向更加公平、更加可靠、更加完善、更加成熟的时期，也是任务更艰巨复杂的时期。

二、中国医保制度的显著特征

（1）覆盖范围逐步扩大。保障范围由窄到宽，直到覆盖全民，建立起世界规模最大的基本医疗保障网。截至 2022 年底，全国基本医疗保险参保人数 134592 万人，其中职工医疗保险人数 36243 万人，城乡居民基本医疗保险人数 98349 万人。

（2）建立分担机制。保障责任从由政府、企业承担到国家、企业、个人合理分担。即由福利型集体（单位）保障到缴费型社会保险，体现互助共济、权利与义务相对应的原则。

（3）多层次医疗保障体系形成。即以基本医疗保险为主体，企业补充医疗保险、公务员医疗补助、商业健康保险等为补充，社会医疗救助为托底的多层次保障体系。

（4）统筹层次提高。社会统筹替代了单位自筹、行业统筹。目前，已经实现了市级统筹，待条件成熟后要实现省级统筹。

（5）保障能力逐步增强。以城乡居民医保为例，开始每人每年补助 40 元，之后每年逐步增加，根据《国家医保局、财政部、国家税务总局关于做好 2022 年城乡居民基本医疗保障工作的通知》（医保发〔2022〕20 号）统一安排，2022 年居民医保人均财政补助标准新增 30 元，达到每人每年不低于 610 元；个人缴费同步新增 30 元，达到每人每年平均不低于 350 元。

（6）保障水平逐步提高。政策内的报销比例由制度建立之初的 30%～40%，提高到目前的 70%～80%。

（7）乡居民医保制度整合。城乡居民医疗保险制度由原来的"三分格局"到"六统一"，即由居民医保制度城乡分设、管理部门分割、资源分散，逐步走向城乡居民医保制度整合，实现"六统一"，即统一覆盖范围、统一筹资政策、统一保障待遇、统一医保目录、统一定点管理、统一基金管理。

（8）新时期中国特色医疗保障体系建设。在完成与社会主义市场经济体制相适应的基本医疗保险制度后，转向全面建成中国特色的更加公平、更可持续的多层次医疗保障体系。

三、取得的成就

（一）缓解了"缺医少药"的突出矛盾

共和国成立之初建立的劳保医疗和公费医疗，以及后来的农村合作医疗与"赤脚医生"制度，构成了国民经济恢复时期和计划经济时期的中国医疗保障制度（包括公共卫生、医疗卫生服务体系）。尽管当时中国经济发展水平低，国家财力相当有限，而威胁国人健康的主要疾病谱又是传染病，但由于采取了以预防为主、公共卫生与基本医疗保健相结合、中西医相结合、卫生工作与群众爱国卫生运动相结合的方针政策，在30多年的时间里，中国医疗保障、公共卫生、基本医疗保健等方面都取得了显著成绩。许多传染病、地方病都被遏制，国民健康水平大大提高，人均期望寿命从新中国成立前的35岁，提高到1981年的67.8岁。在促进社会主义经济建设、维护社会大局稳定等方面，发挥了中国医保制度不可或缺、不可替代的历史性重要作用。

（二）满足了基本医疗需求

伴随着经济体制改革而逐步建立起来的全民基本医疗保险制度，由于坚持"全覆盖、保基本、多层次、可持续"的指导方针，只用了十几年的时间，就基本上覆盖了城乡全体居民，是全世界覆盖人数最多的医保制度，全民基本医疗保险制度的建立，使全国城乡居民有了基本医疗保障，使"病有所医"的千年梦想变成现实。全民医保制度建立后，彻底扭转了人民群众医疗需求长期被压抑、"小病拖大病扛"的不堪局面。国际社会保障协会（ISSA）高度评价中国医保改革取得的成就，其独立评审团的评语称中国"取得了举世无双的杰出成就"，并给中国政府颁发杰出贡献奖。

（三）更加公平可及的医疗保障服务体系基本建成

进入中国特色社会主义新时代，中国医保正在由全民基本医疗保险制度向全面建成中国特色的医疗保障体系迈进。坚持以人民健康为中心的发展思想，坚持从人民群众最关心、最直接、最现实的利益问题入手，着力解决发展不平衡、不充分这个主要矛盾。通过健全运行机制，融合创新、协同发展、提质增效，更加注重提升公共服务质量和水平，不断增强人民群众的获得感、幸福感、安全感，满足人民群众日益增长的美好生活和健康福祉需要。可以预期，中国特色医疗保障体系全面建成以后，人民群众将获得比以往任何时期都更加公平、更加可及、更加精细的医疗保障服务。

第二节 医疗保障局的组建

为完善统一的城乡居民基本医疗保险制度和大病保险制度，不断提高医疗保障水平，确保医保资金合理使用、安全可控，统筹推进医疗、医保、医药"三医联动"改革，更好保障病有所医，2018年3月，十三届全国人大一次会议表决通过了关于国务院机构改革方案的决定，确定组建中华人民共和国国家医疗保障局。

2018年5月31日，国家医疗保障局正式挂牌，作为国务院直属机构，将人力资源和社会保障部的城镇职工和城镇居民基本医疗保险、生育保险职责，国家卫生健康委员会的新型农村合作医疗职责，国家发展和改革委员会的药品和医疗服务价格管理职责，民政部的医疗救助职责整合。

一、机构设置

国家医疗保障局是国务院直属机构，为副部级。

国家医疗保障局机关行政编制 80 名。设局长 1 名，副局长 4 名，正副司长职数 21 名（含机关党委专职副书记 1 名）。

二、主要职责

国家医疗保障局的主要职责是：拟定医疗保险、生育保险、医疗救助等医疗保障基金，完善国家异地就医管理和费用结算平台，组织制定和调整药品、医疗服务价格和收费标准，制定药品和医用耗材的招标采购政策并监督实施，监督管理纳入医保范围内的医疗机构相关服务行业和医疗费用等。

（1）拟订医疗保险、生育保险、医疗救助等医疗保障制度的法律法规草案、政策、规划和标准，制定部门规章并组织实施。

（2）组织制定并实施医疗保障基金监督管理办法，建立健全医疗保障基金安全防控机制，推进医疗保障基金支付方式改革。

（3）组织制定医疗保障筹资和待遇政策，完善动态调整和区域调剂平衡机制，统筹城乡医疗保障待遇标准，建立健全与筹资水平相适应的待遇调整机制。组织拟订并实施长期护理保险制度改革方案。

（4）组织制定城乡统一的药品、医用耗材、医疗服务项目、医疗服务设施等医保目录和支付标准，建立动态调整机制，制定医保目录准入谈判规则并组织实施。

（5）制定药品、医用耗材价格和医疗服务项目、医疗服务设施收费等政策，建立医保支付医药服务价格合理确定和动态调整机制，推动建立市场主导的社会医药服务价格形成机制，建立价格信息监测和信息发布制度。

（6）制定药品、医用耗材的招标采购政策并监督实施，指导药品、医用耗材招标采购平台建设。

（7）制定定点医药机构协议和支付管理办法并组织实施，建立健全医疗保障信用评价体系和信息披露制度，监督管理纳入医保范围内的医疗服务行为和医疗费用，依法查处医疗保障领域违法违规行为。

（8）负责医疗保障经办管理、公共服务体系和信息化建设。组织制定和完善异地就医管理和费用结算政策。建立健全医疗保障关系转移接续制度。开展医疗保障领域国际合作交流。

（9）完成党中央、国务院交办的其他任务。

（10）职能转变。国家医疗保障局应完善统一的城乡居民基本医疗保险制度和大病保险制度，建立健全覆盖全民、城乡统筹的多层次医疗保障体系，不断提高医疗保障水平，确保医保资金合理使用、安全可控，推进医疗、医保、医药"三医联动"改革，更好保障人民群众就医需求、减轻医药费用负担。

（11）与国家卫生健康委员会的有关职责分工。国家卫生健康委员会、国家医疗保障局等部门在医疗、医保、医药等方面加强制度、政策衔接，建立沟通协商机制，协同推进改革，提高医疗资源使用效率和医疗保障水平。

三、内设机构

（1）办公室。负责机关日常运转，承担安全、保密、信访、政务公开和国际合作交流等工作。

（2）规划财务和法规司。组织拟订医疗保障工作规划。承担机关和直属单位预决算、机关财务、资产管理、内部审计工作，推进医疗保障信息化建设。组织起草法律法规草案、规章和标准，承担规范性文件的合法性审查工作，承担行政复议、行政应诉等工作。

（3）待遇保障司。拟订医疗保障筹资和待遇政策，统筹城乡医疗保障待遇标准。统筹推进多层次医疗保障体系建设。建立健全医疗保障关系转移接续制度。组织拟订长期护理保险制度改革方案并组织实施。

（4）医药服务管理司。拟订医保目录和支付标准，建立动态调整机制，制定医保目录准入谈判规则并组织实施。拟订定点医药机构医保协议和支付管理、异地就医管理办法和结算政策。组织推进医保支付方式改革。组织开展药品、医用耗材、医疗技术的经济性评价。

（5）医药价格和招标采购司。拟订药品、医用耗材价格和医疗服务项目、医疗服务设施收费等政策并组织实施，建立价格信息监测和信息发布制度。拟订药品、医用耗材的招标采购、配送及结算管理政策并监督实施，推进招标采购平台建设。

（6）基金监管司。拟订医疗保障基金监督管理办法并组织实施。建立健全医疗保障基金安全防控机制，建立健全医疗保障信用评价体系和信息披露制度。监督管理纳入医保支付范围的医疗服务行为和医疗费用，规范医保经办业务，依法查处医疗保障领域违法违规行为。

（7）机关党委（人事司）。负责机关和在京直属单位的党群工作。承担机关和直属单位的人事管理、机构编制、教育培训、队伍建设等工作。

四、人员编制

国家医疗保障局机关行政编制80名。设局长1名，副局长4名，正副司长职数21名（含机关党委专职副书记1名）。

五、直属机构

（一）医疗保障事业管理中心

按照《社会保险法》的规定，统筹地区设立医疗保障经办机构，统一机构名称为"医疗保障事业管理中心"，属于公益一类事业单位。根据工作需要可以设立分支机构和服务网点，加强医疗保障公共管理服务能力配置，实现省、市、县、乡镇（街道）、村（社区）医疗保障公共服务全覆盖。提供医疗保障公共服务所需费用由同级财政根据国家规定予以保障。

在管理体制上，基于全国统一待遇清单制度，具体经办实行中央和地方分级管理，县（市、区）医疗保险经办机构的主要职责是提供服务，建立健全全国统一的社会保险经办管理体系。

医疗保障事业管理中心的主要职责有：

（1）参保人权益管理与服务。建立健全业务、财务、安全和风险管理制度，负责参保登记、个人权益记录、医保关系转移接续办理；及时为参保单位及个人建立档案，完整、准确地登记参保人员信息，以及享受医疗保障待遇的个人权益记录等。这项工作需要从人力资源和社会保障经办机构中转移出来，部分地区由人社部门与医疗保障部门合并办公。

（2）医疗保险费征收。按照国家有关规定征收医疗保险费，完整、准确地记录参保人员缴费信息等，并及时向医疗保障经办机构报送。医疗保障经办机构和税务部门通过业务经办、费用征收、统计、调查获取医疗保障工作所需的数据，有关单位和个人应当及时、如实提供。用人单位有权查询单位缴费记录，参保人员有权查询个人权益记录，并要求医疗保障经办机构提供医疗保障咨询等相关服务。个人有权监督本单位为其缴费情况。

（3）履行服务协议。对医药机构服务协议履行情况进行管理、监督和考核。接受医疗保障行政部门对服务协议订立、履行等情况进行监督。定点医药机构违反服务协议的，医疗保障经办机构按照服务协议约定给予相应处理，包括约谈相关责任人员、暂停或者不予拨付费用、追回违规费用、要求定点医药机构按照服务协议约定支付违约金、中止相关责任人员或者所在部门涉及医疗保障基金使用的医药服务，直至解除服务协议；定点医药机构及其相关责任人员有权进行陈述、申辩。医疗保障经办机构违反服务协议的，要接受定点医药机构的纠正请求和医疗保障行政部门协调处理、督促整改。在定点医药机构依法申请行政复议或者提起行政诉讼时，配合应诉。

（4）根据医疗保障基金支付标准和支付方式，引导定点医药机构合理诊疗，促进患者有序流动，提高医疗保障基金使用效益，按照服务协议的约定，及时与定点医药机构结算和拨付医疗保障基金。异地就医直接结算制度，及时预付和清算异地就医结算资金，方便参保人员享受医疗保障待遇。

（5）建立全国统一的医疗保障信息系统，推动数据有效共享、运用，实施大数据实时动态智能监控，规范数据管理和应用权限，保护信息和数据安全。定点医药机构有关信息系统应当与医疗保障信息系统进行对接。

（6）积极推进医疗保障公共管理服务现代化治理，积极引入符合条件的社会力量参与经办服务，建立共建、共治、共享的医保治理格局。规范和加强与商业保险公司、社会组织的合作，完善激励约束机制。

（二）医疗保险稽核中心

（1）拟定医疗保障综合执法工作制度，并组织实施。

（2）受理关于违反医疗保障法律、法规和规章行为的投诉举报。

（3）参与医药机构的医疗保险、生育保险、长期护理保险等定点资格认定工作。

（4）监督检查医疗保障服务协议执行情况。

（5）负责对全市医疗保障定点医药机构及其工作人员和参保人员遵守医疗保障法律法规规章情况进行监督检查。

（6）依法纠正和查处违反医疗保障法律法规规章和违反医疗保障服务协议的行为。

（7）负责组织实施对全市定点医药机构医疗保障服务行为的网络监控工作。

（8）负责对参保人意外伤害情况的执法调查工作。

（9）负责异地就医稽查工作。

（10）完成交办的其他事项。

第三节　深化医疗保障制度改革

为进一步持续推进医疗保障制度改革，破解群众看病难、看病贵难题，着力解决医疗保障发展不平衡不充分的问题，2020年2月，中共中央、国务院颁布了《关于深化医疗保障制度改革的意见》（中发〔2020〕5号），吹响了深化医疗保障制度改革的号角。改革的指导思想是以习近平新时代中国特色社会主义思想为指导，坚持以人民健康为中心，加快建成覆盖全民、城乡统筹、权责清晰、保障适度、可持续的多层次医疗保障体系，通过统一制度、完善政策、健全机制、提升服务，增强医疗保障的公平性、协调性，发挥医保基金战略性购买作用，推进医疗保障和医药服务高质量协同发展，促进健康中国战略实施，使人民群众有更多获得感、幸福感、安全感。

《关于深化医疗保障制度改革的意见》（以下简称《意见》）着重强调，深化医疗保障制度改革，要进一步加强党的领导，切实把党的领导贯彻到医疗保障改革发展全过程，将落实医疗保障制度改革纳入保障和改善民生的重点任务，确保改革目标如期实现。

一、为什么要深化医疗保障制度改革

党的十八大以来，全民医保改革向纵深推进，在破解看病难、看病贵问题上取得了突破性进展。目前，中国已建立了世界上规模最大的基本医疗保障网，全国基本医疗保险参保人数超过13.5亿人，覆盖面稳定在95%以上；医疗保障基金收支规模和累计结存稳步扩大，整体运行稳健可持续。

随着人民群众对健康福祉的美好需要日益增长，医疗保障领域发展不平衡不充分的问题也逐步显现。主要表现为：一是制度碎片化。一些地方政策口子松，制度"叠床架屋"。二是待遇不平衡。地区间保障水平衔接不够，过度保障与保障不足现象并存。三是保障有短板。职工医保个人账户弱化了共济保障功能，门诊保障不够充分。四是监管不完善。侵蚀医保基金和侵害群众利益的现象还比较普遍，医保对医疗服务行为约束不足。五是改革不协同。医药服务资源不平衡，医保、医疗、医药改革成果系统集成不足。这些问题关系到人民群众的获得感，必须加以改革。

二、习近平新时代中国特色医疗保障的总体框架

习近平新时代中国特色医疗保障将怎么建？《意见》提出了"1+4+2"的总体改革框架。

"1"所指向的是加快建成多层次医疗保障制度体系，是总体改革目标。实现医疗保障制度改革的目标分两步走：第一步，到2025年，医疗保障制度更加成熟定型，基本完成待遇保障、筹资运行、医保支付、基金监管等重要机制和医药服务供给、医保管理服务等关键领域的改革任务。第二步，到2030

年，全面建成以基本医疗保险为主体，医疗救助为托底，补充医疗保险、商业健康保险、慈善捐赠、医疗互助共同发展的医疗保障制度体系，待遇保障公平适度，基金运行稳健持续，管理服务优化便捷，医保治理现代化水平显著提升，实现更好保障病有所医的目标。

"4"所指向的是待遇保障、筹资运行、医保支付、基金监管，是关键机制。具体为：第一，完善公平适度的待遇保障机制，增进人民健康福祉；第二，健全稳健可持续的筹资运行机制，确保医疗保障制度健康可持续发展；第三，建立管用高效的医保支付机制，提高基金的使用效率；第四，健全严密有力的基金监管机制，确保基金安全。

"2"所指向的是完善医药服务供给和医疗保障服务，是两大支撑体系。具体为：第一，协同推进医药服务供给侧改革，确保人民健康和医疗保障功能的实现；第二，优化医疗保障公共管理服务，提供优质便捷服务。

此次医保制度改革总体考虑是围绕坚持和完善中国特色社会制度，从增进民生福祉出发，着眼于加快建成覆盖全民、城乡统筹、权责清晰、保障适度、可持续的多层次医疗保障体系。

《意见》明确了深化医保制度改革的目标、原则与方向，并提供了付诸行动的路线图，标志着新一轮医保制度改革大幕的开启。其中，"覆盖全民、城乡统筹"体现了中国特色医疗保障制度的公平普惠；权责清晰与保障适度让中国医保制度可持续发展；多层次医疗保障体系激发了市场主体与社会力量参与医疗保障体系建设的活力。

三、深化医疗保障制度改革的主要内容

（一）把握好深化改革的基本原则

坚持应保尽保、保障基本，基本医疗保障依法覆盖全民，尽力而为、量力而行，实事求是确定保障范围和标准。坚持稳健持续防范风险，科学确定筹资水平，均衡各方缴费责任，加强统筹共济，确保基金可持续。坚持促进公平、筑牢底线，强化制度公平，逐步缩小待遇差距，增强对贫困群众基础

性、兜底性保障。坚持治理创新、提质增效，发挥市场决定性作用，更好发挥政府作用，提高医保治理社会化、法治化、标准化、智能化水平。坚持系统集成、协同高效，增强医保、医疗、医药联动改革的整体性、系统性、协同性，保障群众获得高质量、有效率、能负担的医药服务。

（二）明确医疗保障制度改革的发展目标

到2025年，医疗保障制度更加成熟定型，基本完成待遇保障、筹资运行、医保支付、基金监管等重要机制和医药服务供给、医保管理服务等关键领域的改革任务。到2030年，全面建成以基本医疗保险为主体，医疗救助为托底，补充医疗保险、商业健康保险、慈善捐赠、医疗互助共同发展的医疗保障制度体系，待遇保障公平适度，基金运行稳健持续，管理服务优化便捷，医保治理现代化水平显著提升，实现更好保障病有所医的目标。

（三）完善基本医疗保险制度

坚持和完善覆盖全民、依法参加的基本医疗保险制度和政策体系，职工和城乡居民分类保障，待遇与缴费挂钩，基金分别建账、分账核算。统一基本医疗保险统筹层次、医保目录，规范医保支付政策确定办法。逐步将门诊医疗费用纳入基本医疗保险统筹基金支付范围，改革职工基本医疗保险个人账户，建立健全门诊共济保障机制。

（四）实行医疗保障待遇清单制度

建立健全医疗保障待遇清单制度，规范政府决策权限，科学界定基本制度、基本政策、基金支付项目和标准，促进医疗保障制度法定化、决策科学化、管理规范化。各地区要确保政令畅通，未经批准不得出台超出清单授权范围的政策。严格执行基本支付范围和标准，实施公平适度保障，纠正过度保障和保障不足问题。

（五）健全统一规范的医疗救助制度

全面落实资助重点救助对象参保缴费政策，健全重点救助对象医疗费用救助机制。建立防范和化解因病致贫返贫长效机制。增强医疗救助托底保障功能，通过明确诊疗方案、规范转诊等措施降低医疗成本，提高年度医疗救助限额，合理控制贫困群众政策范围内自付费用比例。

（六）完善重大疫情医疗救治费用保障机制

在突发疫情等紧急情况时，确保医疗机构先救治、后收费。健全重大疫情医疗救治医保支付政策，完善异地就医直接结算制度，确保患者不因费用问题影响就医。探索建立特殊群体、特定疾病医药费豁免制度，有针对性免除医保目录、支付限额、用药量等限制性条款，减轻困难群众就医就诊后顾之忧。统筹医疗保障基金和公共卫生服务资金使用，提高对基层医疗机构的支付比例，实现公共卫生服务和医疗服务有效衔接。

（七）促进多层次医疗保障体系发展

强化基本医疗保险、大病保险与医疗救助三重保障功能，促进各类医疗保障互补衔接，提高重特大疾病和多元医疗需求保障水平。完善和规范居民大病保险、职工大额医疗费用补助、公务员医疗补助及企业补充医疗保险。加快发展商业健康保险，丰富健康保险产品供给，用足用好商业健康保险个人所得税政策，研究扩大保险产品范围。加强市场行为监管，突出健康保险产品设计、销售、赔付等关键环节监管，提高健康保障服务能力。鼓励社会慈善捐赠，统筹调动慈善医疗救助力量，支持医疗互助有序发展。探索罕见病用药保障机制。

（八）完善筹资分担和调整机制

就业人员参加基本医疗保险由用人单位和个人共同缴费。非就业人员参加基本医疗保险由个人缴费，政府按规定给予补助，缴费与经济社会发展水平和居民人均可支配收入挂钩。适应新业态发展，完善灵活就业人员参保缴费方式。建立基本医疗保险基准费率制度，规范缴费基数政策，合理确定费率，实行动态调整。均衡个人、用人单位、政府三方筹资缴费责任，优化个人缴费和政府补助结构，研究应对老龄化医疗负担的多渠道筹资政策。加强财政对医疗救助投入，拓宽医疗救助筹资渠道。

（九）巩固提高统筹层次

按照制度政策统一、基金统收统支、管理服务一体的标准，全面做实基本医疗保险市地级统筹。探索推进市地级以下医疗保障部门垂直管理。鼓励有条件的省（自治区、直辖市）按照分级管理、责任共担、统筹调剂、预算考核的思路，推进省级统筹。加强医疗救助基金管理，促进医疗救助统筹层次与基本医疗保险统筹层次相协调，提高救助资金使用效率，最大限度惠及贫困群众。

（十）加强基金预算管理和风险预警

科学编制医疗保障基金收支预算，加强预算执行监督，全面实施预算绩效管理。适应异地就医直接结算、"互联网+医疗"和医疗机构服务模式发展需要，探索开展跨区域基金预算试点。加强基金中长期精算，构建收支平衡机制，健全基金运行风险评估、预警机制。

（十一）完善医保目录动态调整机制

立足基金承受能力，适应群众基本医疗需求、临床技术进步，调整优化医保目录，将临床价值高、经济性评价优良的药品、诊疗项目、医用耗材纳入医保支付范围，规范医疗服务设施支付范围。健全医保目录动态调整机制，完善医保准入谈判制度。合理划分中央与地方目录调整职责和权限，各地区不得自行制定目录或调整医保用药限定支付范围，逐步实现全国医保用药范围基本统一。建立医保药品、诊疗项目、医用耗材评价规则和指标体系，健全退出机制。

（十二）创新医保协议管理

完善基本医疗保险协议管理，简化优化医药机构定点申请、专业评估、协商谈判程序。将符合条件的医药机构纳入医保协议管理范围，支持"互联网+医疗"等新服务模式发展。建立健全跨区域就医协议管理机制。制定定点医药机构履行协议考核办法，突出行为规范、服务质量和费用控制考核评价，完善定点医药机构退出机制。

（十三）持续推进医保支付方式改革

完善医保基金总额预算办法，健全医疗保障经办机构与医疗机构之间协商谈判机制，促进医疗机构集体协商，科学制定总额预算，与医疗质量、协议履行绩效考核结果相挂钩。大力推进大数据应用，推行以按病种付费为主的多元复合式医保支付方式，推广按疾病诊断相关分组付费，医疗康复、慢性精神疾病等长期住院按床日付费，门诊特殊慢性病按人头付费。探索医疗服务与药品分开支付。适应医疗服务模式发展创新，完善医保基金支付方式和结算管理机制。探索对紧密型医疗联合体实行总额付费，加强监督考核，结余留用、合理超支分担，有条件的地区可按协议约定向医疗机构预付部分医保资金，缓解其资金运行压力。

（十四）改革完善医保基金监管体制

加强医保基金监管能力建设，进一步健全基金监管体制机制，切实维护基金安全、提高基金使用效率。加强医疗保障公共服务机构内控机构建设，落实协议管理、费用监控、稽查审核责任。实施跨部门协同监管，积极引入第三方监管力量，强化社会监督。

（十五）完善创新基金监管方式

建立监督检查常态机制，实施大数据实时动态智能监控。完善对医疗服务的监控机制，建立信息强制披露制度，依法依规向社会公开医药费用、费用结构等信息。实施基金运行全过程绩效管理，建立医保基金绩效评价体系。健全医疗保障社会监督激励机制，完善欺诈骗保举报奖励制度。

（十六）依法追究欺诈骗保行为责任

制定完善医保基金监管相关法律法规，规范监管权限、程序、处罚标准等，推进有法可依、依法行政。建立医疗保障信用体系，推行守信联合激励和失信联合惩戒。加强部门联合执法，综合运用协议、行政、司法等手段，严肃追究欺诈骗保单位和个人责任，对涉嫌犯罪的依法追究刑事责任，坚决打击欺诈骗保、危害参保群众权益的行为。

（十七）深化药品、医用耗材集中带量采购制度改革

坚持招采合一、量价挂钩，全面实行药品、医用耗材集中带量采购。以医保支付为基础，建立招标、采购、交易、结算、监督一体化的省级招标采购平台，推进构建区域性、全国性联盟采购机制，形成竞争充分、价格合理、规范有序的供应保障体系。推进医保基金与医药企业直接结算，完善医保支付标准与集中采购价格协同机制。

（十八）完善医药服务价格形成机制

建立以市场为主导的药品、医用耗材价格形成机制，建立全国交易价格信息共享机制。治理药品、高值医用耗材价格虚高。完善医疗服务项目准入制度，加快审核新增医疗服务价格项目，建立价格科学确定、动态调整机制，持续优化医疗服务价格结构。建立医药价格信息、产业发展指数监测与披露机制，建立药品价格和招采信用评价制度，完善价格函询、约谈制度。

（十九）增强医药服务可及性

健全全科和专科医疗服务合作分工的现代医疗服务体系，强化基层全科医疗服务。加强区域医疗服务能力评估，合理规划各类医疗资源布局，促进资源共享利用，加快发展社会办医，规范"互联网+医疗"等新服务模式发展。完善区域公立医院医疗设备配置管理，引导合理配置，严控超常超量配备。补齐护理、儿科、老年科、精神科等紧缺医疗服务短板。做好仿制药质量和疗效一致性评价受理与审评，通过完善医保支付标准和药品招标采购机制，支持优质仿制药研发和使用，促进仿制药替代。健全短缺药品监测预警和分级应对体系。

（二十）促进医疗服务能力提升

规范医疗机构和医务人员诊疗行为，推行处方点评制度，促进合理用药。加强医疗机构内部专业化、精细化管理，分类完善科学合理的考核评价体系，将考核结果与医保基金支付挂钩。改革现行科室和个人核算方式，完善激励相容、灵活高效、符合医疗行业特点的人事薪酬制度，健全绩效考核分配制度。

（二十一）优化医疗保障公共服务

推进医疗保障公共服务标准化规范化，实现医疗保障一站式服务、一窗口办理、一单制结算。适应人口流动需要，做好各类人群参保和医保关系跨地区转移接续，加快完善异地就医直接结算服务。深化医疗保障系统作风建设，建立统一的医疗保障服务热线，加快推进服务事项网上办理，提高运行效率和服务质量。

（二十二）高起点推进标准化和信息化建设

统一医疗保障业务标准和技术标准，建立全国统一、高效、兼容、便捷、安全的医疗保障信息系统，实现全国医疗保障信息互联互通，加强数据有序共享。规范数据管理和应用权限，依法保护参保人员基本信息和数据安全。加强大数据开发，突出应用导向，强化服务支撑功能，推进医疗保障公共服务均等可及。

（二十三）加强经办能力建设

构建全国统一的医疗保障经办管理体系，大力推进服务下沉，实现省、市、县、乡镇（街道）、村（社区）全覆盖。加强经办服务队伍建设，打造与新时代医疗保障公共服务要求相适应的专业队伍。加强医疗保障公共管理服务能力配置，建立与管理服务绩效挂钩的激励约束机制。政府合理安排预算，保证医疗保障公共服务机构正常运行。

（二十四）持续推进医保治理创新

推进医疗保障经办机构法人治理，积极引入社会力量参与经办服务，探索建立共建、共治、共享的医保治理格局。规范和加强与商业保险机构、社会组织的合作，完善激励约束机制。探索建立跨区域医保管理协作机制，实现全流程、无缝隙公共服务和基金监管。更好发挥高端智库和专业机构的决策支持和技术支撑作用。

（二十五）强化协同配合

加强医疗保障领域立法工作，加快形成与医疗保障改革相衔接、有利于制度定型完善的法律法规体系。建立部门协同机制，加强医保、医疗、医药制度政策之间的统筹协调和综合配套。国务院医疗保障主管部门负责统筹推进医疗保障制度改革，会同有关部门研究解决改革中跨部门、跨区域、跨行业的重大问题，指导各地区政策衔接规范、保障水平适宜适度。

第三章　医院医疗保险管理

第一节　医院医疗保险管理概述

医院是医疗保险政策执行的重要场所之一，需要为参保人员提供更加优质、高效、低耗的服务，掌握和运用医院医疗保险管理的理论和方法，探索建立科学的医院医疗保险管理体系，对中国医疗保险和医院管理的发展都有重要意义。

一、医院医疗保险管理基本理论

（一）医院医疗保险管理概念与原理

1.概念

医院医疗保险管理的概念和分类目前尚无统一定义。根据医院管理理论，本书给出的定义是指医院通过一定的组织机构和程序，运用管理理论和方法，对医院医疗保险的资源及活动进行计划、组织、指挥、调管。按照系统内容划分，可以分为理论和实务两部分；按照管理层次划分，可以分为宏观管理和微观管理两个层面；按照管理内容划分，可以分为基础管理、财务管理、就医管理、质量管理、结算管理、信息管理等方面。

2.原理

医院医疗保险管理以系统论、信息论等管理学原理为基本理论，应用以下原理：

（1）系统原理。医院医疗保险管理作为医院系统的子系统，执行特定的功能，有相对的独立性，又与院内部的其他子系统（例如财务、信息等）及院外部医疗保险系统有着相互作用、相互依赖的关系，进行系统分析才能达到最佳化管理。

（2）经营和效益原理。医院经营是将医院内部经济管理与医疗技术和服务管理有机结合，使社会效益与经济效果相统一的经济管理活动和过程。医疗保险制度的实施，使医院必须强化经营意识，降低成本，增强效率，提高管理效能。

（3）整分合原理和责任原理。医院医疗保险管理应首先从整体要求出发，制定管理目标，然后对目标分解，并明确分工，职责分明，责、权、利一致，是完成任务和实现目标的重要手段，也是调动职工的积极性激发职工潜能的最好方法。

（4）过程管理和持续质量改进原则。过程管理原则充分体现了"预防为主"的现代管理思想。医院医疗保险管理应从"预防为主"的角度出发，对每一个环节都进行严格的质量控制，并强调全程的、持续的医疗保险质量管理。

（5）信息化和数据化的原则。医疗保险系统是一个多部门、多层次、多专业的复杂系统，运行中会产生大量的数据和信息并需加工处理和交流使用，医疗保险信息系统发挥着巨大的、不可替代的作用。同时，现代化管理重视"用数据说话"，寻求定量化管理的方法，运用各种统计方法和工具进行分析，提供基于数据分析的管理策略。

（6）社会化的观点。社会化观点是一种开放式的管理思想，指在政府的统一规划下，打破行政隶属之间的界限和个体封闭式结构，将各系统组织成一个有机的体系，进行分工与协作，充分进行人、财、物和信息的交流，最大限度地发挥各系统的社会功能。医院医疗保险管理涉及医疗保险和医院管理两个大系统，需要加强交流和协作，共同做好群众的医疗保障工作。

（7）人本原理。主要有患者第一和全员参与的原则。医院医疗保险服务的相关者主要有参保患者、家属、各医疗保险经办机构等，要树立"以病人为中心"的思想，为患者提供满意的医疗服务。医院医疗保险管理需要医院各部门、各层次、各专业的职工参与，要善于运用激励效应和团队合作，保证医疗保险管理目标的实现。

（二）管理方法

医院医保的管理方法是为实现医院医保管理目标，组织和协调管理要素的工作方式、途径或手段，有以下几种。

1.行政方法

指依靠行政权威，借助行政手段，直接指挥和协调管理对象的方法。管理形式有命令指示、计划、指挥、监督、检查、协调等。

2.经济方法

指依靠利益驱动，利用经济手段，通过调节和影响被管理者物质需要而促进管理目标实现的方法。管理形式有经济核算、奖金、罚款、定额管理、经营责任制等。

3.法律方法

指借助法律法规和规章制度，约束管理对象行为的一种方法。管理形式有国家的法律、法规，组织内部的规章制度，司法和仲裁等。

4.社会心理学方法

借助社会学和心理学原理，运用教育、激励、沟通等手段，通过满足管理对象社会心理需要的方式来调动其积极性的方法。管理形式有宣传教育、思想沟通、各种形式的激励机制等。

二、医院医保管理相关学科与研究方法

（一）相关学科

医院医疗保险管理学是研究医院医疗保险活动及其规律的学科，作为一门具有综合性、交叉性和应用性特点的管理学科，与许多学科有着紧密的联系，主要相关学科如下：

1.医院管理学

医院管理学不仅研究医院系统及其各个层次的管理现象和规律，也研究

医院在社会大系统中的作用,其来源是学科管理学、公共管理学、卫生事业管理学等相关学科。医疗保险必须借助于医院的医疗服务来提供保险服务。医院医保管理是医院管理的子系统,其原理和方法有一部分来自医院管理学,因而,医院医保管理与医院管理的其他子系统有着紧密的联系。

2.医疗保险学

医疗保险学是研究医疗保险活动及其发展规律的学科,包括学科保险学、社会保险学的有关学科知识,这些理论和方法是研究医院医保管理的前提条件。同时,医院医保管理的许多工作项目也是社会医疗保险业务的延伸,医疗保险的发展方向对于医院医保管理的发展具有导向作用。

3.临床医学和预防医学

临床医学是医学科学中研究疾病的诊断、治疗和预防的各专业学科的总称。医疗保险的产生和发展与疾病风险有直接的关系,疾病是影响医疗费用发生额大小的第一因素。了解各种疾病的诊疗方法和程序,是评价医疗服务合理性和医疗费用支付审核的基础。预防医学理念对制定医疗保险政策有指导作用,能通过健康促进措施提高参保人群的健康水平,减少医保基金的支出,促进卫生资源的合理利用。

4.卫生经济学和卫生统计学

卫生经济学是研究医疗卫生领域中的经济现象及其规律的科学,医院医保管理与经济活动密切相关;医院医保管理中的许多问题或现象是通过大量的数据表现的,只有经过统计学的处理和分析,才能使这些数据成为有用的信息。因此,掌握经济学和统计学的理论和技术,是进行医院医保管理研究的条件。

5.信息科学

医疗保险和医院系统运行中会产生大量的数据和信息,医疗保险经办机构与医院之间要实现数据交换和信息共享。信息科学和技术的发展应用,极大地提高了医疗保险信息处理的效率和效果,也是进行分析和预测、实现医疗保险管理科学化的重要工具。

6.法学

劳动法、保险法、卫生法等有关法律,是医疗保险制度顺利实施的重要保障，也是制定医疗保险政策和处理其法律关系的重要依据。医院医保管理者应研究和掌握相关法律、法规、规章以及法学知识，提高管理水平。

7.社会学

社会学是从社会整体功能出发，通过社会关系和社会行为来研究社会结构、功能、发生和发展规律的学科。医院医保管理作为医院的一个子系统，其发展受到各种社会因素的影响。医院医保管理工作不仅与医院内其他科室打交道，更要与参保人员、医疗保险经办机构打交道。了解社会学的基本知识，可以更好地控制和利用社会因素促进医院医保管理的发展。

（二）研究方法

医院医疗保险管理在从经验管理向科学管理的转变过程中，需要从学科发展的角度予以研究，并上升到理论的高度，这个过程中涉及研究方法的合理选择和使用，常常需要定性研究与定量研究相结合。常用的研究方法有：

1.系统方法

系统方法是以对系统的基本认识为依据，应用系统科学、系统思维、系统理论、系统分析等方法，用以指导人们研究和处理科学技术问题的一种科学方法。系统方法以语言和数学模型为工具，遵循整体功能、等级结构、动态平衡、综合发展、最优目标原则，注重从整体与部分之间、整体外部环境之间的相互联系、相互作用、相互制约等关系中考虑对象和研究问题。

2.比较研究

比较研究是根据一定的标准，对事物相似性或相异程度进行研究与判断的方法。比较研究可分为单项比较与综合比较，横向比较与纵向比较，求同比较与求异比较，定性比较与定量比较等。

3.数理统计和经济分析方法

医疗保险运行中产生大量的数据，包括社会学、医疗、经济学等方面的信息，应用统计学方法对这些数据进行研究，才能保证管理的科学性。经济分析方法包括市场分析、成本收益分析、资金平衡分析等。

4.调查研究

医院医保管理涉及的人群和内容广泛，具体个案特征鲜明，因此调查研究方法成为一种研究的重要手段。常用的方法包括观察法、问卷调查法、访谈法、专题小组讨论、德尔菲法等。

5.关键路径法和循证医学分析

关键路径法是运筹学中常见的一种方法，针对任务或项目计算分析实现和完成它的最短的工期和成本，以发现完成任务或项目的最佳路线。循证医学分析的核心思想是在临床医疗实践中，应尽量以客观的科学结果为证据制定病人的诊疗决策。

6.文献分析法

文献分析法是通过查阅有关的文献资料或记录了解情况的研究方法，具有方便、快速、成本低的特点。在医院医保管理研究中，范围仅政策文件研究报告、专项调查及公示信息等。

7.政策情景分析

也称为情景分析法，是一种能识别关键因素及影响的方法。政策情景分析的结果分两类：一类是对未来政策实施过程中某种状态的描述；另一类是描述政策制定以及管理决策发展过程，包括未来可能出现的一系列变化。

8.SWOT分析法

即态势分析，SWOT四个英文字母分别代表优势（strength）、劣势（weakness）、机会（opportunity）、威胁（threats）。运用SWOT研究方法，可以对研究对象所处的情景进行全面、系统、准确的研究，从而根据研究结果制定相应的发展战略、计划和对策等。

9.实验研究

医疗保险实验主要指社会科学研究中的社会实验研究，即通常所说的试点，也包括某些自然科学中的实验室研究。例如，某项医疗新技术的验证、计算机模拟实验等。中国所进行的九江、镇江医疗保险改革试点，就是典型的实验研究。

第二节 医保管理机构组织管理

定点医疗机构要为参保人员提供优质、高效的医疗卫生服务，配合医疗保险经办机构共同做好定点医疗服务管理工作。医院医疗保险管理体系是建立医院医保管理目标，并为实现这些目标的所有相关事物相互配合、相互促进、协调运转而构成的一个有机整体，一般应包含组织机构、管理制度、管理职责、资源管理、过程管理等内容。

中国的基本医疗保险实行属地管理，各类医保患者的管理办法、享受待遇和结算方式等不尽相同，加大了医院的管理难度。医院医保工作者首先需了解政府医保管理部门的组织结构与职能。

一、社会医疗保险机构的组织结构

（一）医疗保险机构的宏观组织结构

1.医疗保险机构的设置和分布

医疗保险机构的设置应当以被保险人的数量为基本依据。一个医疗保险机构所承办的人数越多，其抵抗疾病风险的能力就越强；反之，保险机构的抗风险能力不足，容易造成收不抵支，从而导致经营亏损。在实际设置的医疗保险机构中，通常有以下几种情况：

（1）行政区划为单位设置医疗保险机构，即要求本行政区中所有单位和个人全部（或大部分）作为保险对象，设立一个医疗保险机构。采取"计划型医疗保险方案"的国家一般多用此种方式，目前中国大部分医疗保险统筹地区都是采用这种方式。

（2）行为单位设置医疗保险机构，即以一个行业的职工（也可包含职工家属）为对象设置一个医疗保险机构。这种形式一般见于早期的医疗保险组织，目前中国一些地区的电力、铁路、石油等行业仍在使用这种形式。

（3）依据市场需求设置医疗保险机构，德国、荷兰和美国等国家多采用这种"市场型保险方案"。在这种情况下，医疗保险机构的设置首先还是以地区为基础，但被保险人不一定包括区域内的所有（或大部分人）人群，同时也不限于本地区的人群。保险机构的发展不受行政区划的限制，而是根据市场需求的变化而变化，地区内和地区间的医疗保险机构能形成较强的竞争态势。

2.医疗保险机构的组织系统

为了承担全体居民的医疗保险任务，医疗保险机构通常不是一个单独的组织，而是以组织系统（网络）成员的形式存在。各地区的医疗保险机构在更大的范围内（如省、自治区、直辖市），还可形成一个联合机构，通常可成为医疗保险中心或联盟。联合机构的主要作用有：一是统筹。协调和指导一个地区保险机构的医疗保险业务；二是可形成一个上一级的医疗保险基金。当某地区医疗保险机构出现保险费用支付困难时，可利用这个基金，以保证保险机构的正常运转。这种"再保险"形式对提高医疗保险机构抗风险能力是非常重要的。在医疗保险联合机构之上，通常还需要国家政府有关部门的管理和调控，这样就形成了医疗保险机构的组织系统。

（二）医疗保险机构的微观组织结构

1.医疗保险机构的部门设置

为了完成各项任务，社会医疗保险经办机构的内部通常设置以下部门：办公室、基金征缴部门、医疗审核部门、财务审计部门、基金开发部门和信息部门。这几个部门是大多数医疗保险机构必备的。

（1）办公室或者综合科。负责医疗保险机构内部日常管理工作，包括总体计划和各种规章制度的设计和制定、内部协调、对外联络、检查等综合性管理工作。

（2）基金征缴部门。主要负责与参保人员缴费有关的事务，如保险费的征缴，医疗保险卡的制作和发放，被保险人资格条件的审核，办理保险手续等。它是医疗保险基金的入口。

（3）医疗审核部门。主要负责医疗保险的具体事务，医疗保险基金的管理和定点医疗机构的管理，包括对定点医疗机构的评价监督，对医疗机构提供服务的范围、服务质量的检查和控制，保险费的审核等。它是医疗保险基金的出口。

（4）财务审计部门。主要负责保险资金的筹资、使用、管理过程中的各种财务会计工作和审计工作。

（5）基金开发部门：主要负责与医疗保险基金开发利用有关的事务，如保险基金的核算和分析，保险基金的保值增值，基金投资过程中的计划、实施和控制等。

（6）信息部门。主要负责利用计算机处理医疗保险过程中的各种信息，包括医疗保险的各种数据和文字处理，以及医疗保险信息系统的设计、建设、维护和管理等。

2.医疗保险机构的人员配置

医疗保险机构是多学科知识和技术融为一体的经济组织，需要配备多种专业人才。这些人员通常包括：

（1）管理人员。包括机构负责人、各部门的负责人及职能科室（如办公室、人事部门）的工作人员等。他们应熟悉社会、经济、法律、管理等方面的知识，熟悉医疗保险业务知识，具有综合管理能力。

（2）经济师：主要从事保险机构的保险精算、经济核算和经济管理工作。他们是高级经济技术人员，是保险机构重要的经济技术骨干。

（3）保险业务人员。主要是从事医疗保险筹资、付费、业务开发等大量具体业务工作，是医疗保险机构中的主要力量。他们一般来源于医疗保险或社会保险及经济管理专业，具有保险专业基础知识，熟悉相关的医疗保险法律、法规等。

（4）保险医师。主要负责医疗保险过程中的医疗技术、医疗管理工作，包括对参保单位和医疗服务提供者的各种医疗评价、鉴定、检查等工作，也包括医疗保险机构直接提供的一些医疗卫生服务。他们应为综合医疗专业技术人员，熟悉医学各科的一般诊疗知识，同时应了解和掌握一定的卫生管理和医疗保险专业知识和技能。

（5）财会人员。主要从事医疗保险过程中的财务、会计和审计工作，也是医疗保险机构的主要力量。他们一般应为保险会计或金融会计专业人员。

（6）信息和计算机工程技术人员。现代医疗保险普遍使用计算机技术处理大量烦琐复杂的医疗保险数据信息。因此，医疗保险机构需要一定数量的信息处理和计算机工程技术人员，负责医疗保险信息系统的设置、使用、维护和管理等工作。他们一般应具有管理信息系统和计算机方面的专业知识。

二、医疗保险经办机构基础管理

政府对医疗保险的调控是世界上许多国家共同的做法。政府可以通过制定医疗保险政策法规，任命医疗保险机构的主要负责人，制定一些指令性计划和严格监督、检查等措施，监督和控制医疗保险机构的运行状况。医疗保险机构应当有一定范围的自主经营权，如允许医疗保险机构有一定的确定保险服务范围、支付方式、内部管理等方面的权利，以提高其经营效率；另一方面，医疗保险机构的自主权应有一定限制，例如，医疗保险机构一般不能随意选择服务对象，避免保险机构进行"风险性选择"，以保证每一位公民平等获得医疗保障的权利。

社会医疗保险机构所从事的医疗保险是一项社会公益事业，所承担的医疗保险范围是基本医疗保险，代表政府执行医疗保险的各种方针政策，相当于政府的一个部门。因此，社会医疗保险机构是具有一定自主经营权的非营利性的事业单位，其事业经费不能从社会医疗保险基金中提取，而由各级财政预算解决。包括基本医疗保险基金筹集管理、医疗管理、财务结算、信息管理、监督审计等部门。其中，综合管理部门通常称为办公室、综合科、行政科等，主要职能为：

（1）负责中心主任会议决定事项和中心领导指示的督办工作。

（2）负责综合协调中心内外事务。

（3）负责中心文书、档案、公文处理及各种会议的组织。

（4）负责中心人事、党务、离退休人员管理服务等工作。

（5）编制相关保险的操作办法和业务流程，对相关业务进行综合协调管理。

（6）负责中心行政、固定资产管理、后勤、安全、保卫等工作。

（7）负责业务培训和宣传的组织工作。

第三节 医院医疗保险组织管理

医院组织机构是医院的重要组成部分,是医院发挥管理功能和达到管理目标的工具。医院组织机构应随着社会的发展进步不断更新,以适应医院的发展和功能需求。社会医疗保险制度实施以后,医疗保险对医疗服务的补偿与医院的发展密切相关,医院设置医疗保险管理部门正是应对这一变革的基本要求,相应的岗位设置、人员配备和工作职能等也是医院组织管理的基本要素。

一、医院医保行政管理组织

(一)医保机构设置和人员编制

中国现行综合医院编制标准是根据国务院1978年公布的《综合医院组织编制原则实行草案》制定的,20世纪90年代以后,由原卫生部颁布并陆续修订的医院等级评审标准中,对各级医院的职能科室设置也提出了明确要求,使全国各级医院的机构设置和组织结构具有很大的相似性,但均未从制度上明确医保管理职能科室的机构设置和人员编制。原劳社部发〔1999〕14号《城镇职工基本医疗保险定点医疗机构管理暂行办法》中规定:"定点医疗机构应配备专(兼)职管理人员,与社会保险经办机构共同做好定点医疗服务管理工作。"医疗保险制度实施以后,各级医院在医保医疗服务的提供中占很大比例,无论是医保经办机构还是医院内部,都加强了管理力度,设置医保管理机构,配备工作人员,规定职务、权限和职责,建立工作制度和规范,建立健全医院医保管理体制,将医院医保管理的各个要素、各个环节,从时间上、空间上科学地组织起来,实现其整体职能。这是医院应对医疗市场变化采取的必然举措,也是医院成为医疗保险定点机构的必备条件。

2011年有关调查显示,医院医保管理科室的名称主要有医保处、医保办、医保科(为叙述方便,本书将医保管理科室统称为医保科),设置模式主要有独立设置和隶属于医务、财务等部门两种。独立设置医保科管理方便,信息传递层次少,有利于准确决策,工作效率高、效果好。隶属于其他部门常常只具备综合协调功能,业务分散,信息传递层次多,不利于快速与准确决策,在履行职能上有一定难度,但所需人力资源较少。无论哪种模式,医保管理都涉及多科室和多专业,需要统一规划与协同管理。

医保科的人员编制应根据医院的规模和医保的任务量来确定,医院医保管理需要有具备多种专业背景的人员组成。根据 2014 年 12 月 31 日中国医院协会印发的《全国医院医疗保险服务规范(试行)》要求:医保管理部门人员配备应按照每 100 床比 1 的比例配置专(兼)职管理人员,低于 100 床位以下的医疗机构最少配备 1 名管理人员,如床位为 1000 张、医保病人占 50% 左右的综合医院,设立医保管理人员 10 人左右,二级医院可适当减少各岗位人数,一级医院可只保留医保就医管理岗位。财务、信息和质量管理职能由相关科室人员完成,或由医保工作人员兼职完成。通常需设置医保窗口,由相关业务人员值守,完成接待咨询、住院审核、医保审批等业务。有关调查表明,目前医院医保工作人员的高级、中级、初级职称人数比例基本合理,但职称专业多为医学或财务,无法满足医保管理的专业需求,建议增加医保管理的岗位编制和职称考评标准,并将医院医疗保险人才培养和培训纳入规划,以强化医保管理的专业性、权威性以及内控能力和外服能力。

(二)医保科工作设施与设备

医保科在医院内的办公地点设置,要考虑方便病人(门诊、急诊、住院病人)和医务人员,尽可能邻近门诊部和住院处。一般需设置的办公地点有医保科主任办公室、工作人员办公室和医保窗口,其规模与空间大小可根据医院的实际情况合理规划。医保科必须配备与其工作相适应的办公设备,如办公桌椅、文件柜、电脑、打印机、复印机、传真机、电话等,创造适宜的工作环境和工作条件是开展医保工作的基础。

(三)医保科的功能与职责

1.功能

医疗保险制度的实施,给医院管理带来了机遇和挑战,医院必须强化内部管理水平,提高管理和决策的科学性。医院医保管理工作不仅是社会医疗保险管理部门职能的延伸,而且应有自己的管理理念、管理目标和管理模式,这是医疗保险和医院管理的需求,也是医院医保管理行业自身发展的需要。医院医疗保险管理的主要功能有:

(1) 落实各项医保政策:随着社会医疗保险制度在中国的发展,不断推出新的政策、法规等,医院作为医疗服务供方,应保证医保政策在医院的顺利实施。由于医疗技术的高度专业性和复杂性,以及方便参保人员就医的需要,有部分来自医保经办机构的事务需医院端(或医务人员组成的专家组)来初步审核或代为审批,例如各种门诊慢性病的认定、患者转外地就医的审核等。医院医保管理部门需要和医保经办机构的管理、监督、信息等部门进行相关业务对接,认真对待和处理来自这些部门的事务,并取得医院内各相关科室的密切配合。医院需要分析医疗保险政策,结合医院管理制度和诊疗规范,进行调查研究和决策,确定医院医疗保险管理目标和具体实施措施,并对医院工作人员进行医保政策和操作规范培训,对医保患者进行政策宣传和答疑解惑,对医院内部各环节的执行情况进行监督检查和考核评估,确保各项医保政策和制度的落实。

(2) 做好医保费用的经济管理:随着医院医保患者比例的不断增加,医保收入不断增长,医保费用的经济管理成为医院医保管理和财务管理工作的重要组成部分。首先,要做好医保费用报销、结算等工作,定期与医保和医院的财务部门核对账目,进行经济核算,及时发现问题和解决问题,为领导决策和不断改进医院医保管理工作提供依据。其次,要研究提高医院医保收益率的对策。中国的社会医疗保险制度实行以收定支、收支平衡、略有结余的基本原则,医疗保险经办机构通过改变支付方式和加强对医疗服务提供方的监督来达到基金平衡。因此,医院医保管理部门应研究当前支付方式下医保费用管理办法和具体操作措施,对不同支付方式的应对措施做前瞻性研究,不断规范自身行为,提高医院收益率。

(3) 加强医院医保质量管理:定点医疗机构给参保人员提供医疗服务,医疗保险基金支付相应的医疗费用,医疗费用的合理性、医疗服务质量如何、医院的医疗行为是否规范,都将直接影响到医疗保险基金的平衡,因此,对定点医疗机构的监督是医疗保险监督中的重要内容之一。十八大以后，医保基金使用的日常监督、检查，无论是频次，还是标准均明显提高，所以，医院应依据定点医疗服务协议和疾病诊疗规范，建立有效的医保质量管理体系，对各个环节进行质量控制和反馈调节，找出偏差和解决问题，改进和完善工作流程、管理制度、奖惩机制，预防问题的发生，形成检查、反馈、整改、提高的良性循环，同时对医务人员进行培训教育和业务指导，不断提高医疗服务质量，确保医保基金的合理、合规使用。

（4）协调医、保、患三方关系：医院作为社会医疗保险服务的载体和医保政策的执行者，必须做好与医保经办机构和医保患者的协调、沟通工作。要及时向医保经办机构反映医院医保工作中存在的问题和困难，提出完善和改进医保工作的合理化建议，争取得到支持和帮助，双方共同努力化解矛盾。同时对参保患者进行医保知识宣传，及时解答就医中的问题，协调处理好医院内部各科室有关医保事务，取得院内职工和广大参保人员的理解和支持，使医、保、患三方合法权益得到保障，建立友好共处的和谐氛围，更好地实现医疗保险"社会稳定器"的功能。

2.职责

医院医保科在组织上接受医院的领导，业务上接受各级医保经办机构的指导。医保科的管理范畴，不仅指医疗保险人群，实质上是更广大的医疗保障人群，通常有公费医疗、社会保险（医疗保险、生育保险、工伤保险）、城乡居民医疗保险三大类人群。需完成医保管理、协调、监督、考核、指导、培训、宣传等任务，主要有以下职能：

（1）贯彻国家医疗卫生与医疗保险相关法律法规制度，履行《医保服务协议》。

（2）分析医保政策，建立相应的医院医保内部管理制度与考核奖惩措施。

（3）制定医保科工作制度、岗位职责和工作流程。

（4）督导各科室规范诊疗服务行为，保证参保患者诊疗服务的公平性。

（5）根据医保支付方式，落实医疗保险费用控制标准，保证医院收益率。

（6）检查各科室执行医保政策情况，及时发现问题并督促整改。

（7）做好医疗保险政策流程公示，公开医疗保险支付标准，提高服务透明度。

（8）对来院患者、全院职工开展多种形式的医疗保险政策的宣教活动。

（9）进行全院医务人员的医保业务培训和技术考核。

（10）对转科、进修、实习人员进行指导和培训，完成教学和科研任务。

（四）岗位设置和工作职责

1.岗位设置

中国卫生部门于1982年下发了医院工作制度的有关规定，2010年修订了《全国医院工作制度与人员岗位职责》，促进了全国各级医院的规范管理，但其中未涉及医疗保险管理的内容。医院医疗保险管理与管理学、医学、经济学、信息技术、卫生统计、社会学等多个领域有关，不仅需要精通医疗保险的专业人员，而且要有医学、财务、计算机、卫生政策与医院管理的专业人员，需要建立复合型、多种知识背景的专业人才队伍。中国推行医疗保险20多年时间，加之医院编制等原因，现在的医院医保管理人员大多是从医疗（医、护、技）和财务部门抽调配备，专业的医疗保险和卫生管理人员较少。医务人员熟悉医学和医院工作，财务人员在结算和账务方面有优势，但要全面胜任医院医保管理工作，均需加强医疗保险和医院管理方面的知识与技能培训，例如任职资格和在岗培训、学历和学位教育等方式，建立一支高素质的医院医保管理专业队伍，以促进医院医保管理的系统化、科学化、标准化、规范化。

2.岗位要求

医院医保管理各岗位要求如下：

（1）医保科主任：领导职能是其他管理职能的集中体现，任何组织都需要有领导者确立目标、制定战略、进行决策、编制规划和组织实施，使群体团结一致，为实现预定目标而共同奋斗。医院医保科应设立专职科主任，必要时设副主任，在院长和分管医保的副院长领导下，全面负责医保、公费医疗等（以下统称为"医保"）业务和医保科管理工作。由于医院医保管理的复杂性和人员组成的多样性，三级医院医保科主任由具有医学或医疗保险与卫生管理的教育背景、实践经验、培训经历，具有高级技术职称的复合型人才担任为宜。医保科主任应具有较高的本专业基础理论、专业知识和实践技能，熟悉医院和医疗保险运行规律，掌握国内外医院医保管理发展动态，熟悉医院医保管理工作，能够协调医院内外各部门间的工作，能够指导和培养下级人员，具有管理能力、创新精神、公正品质、沟通技能，知识全面、责任心强的人员担任。

（2）医保就医管理人员：随着医保覆盖面的不断扩大，医院就医的参保病人比例也相应增加，与医保经办机构、患者、医院医务人员有关的大量事务需医保科来处理。例如审批、审核、登记、咨询、联络等，每一宗事务都需认真对待，通常需要设置医保窗口来方便患者和医务人员。医保事务管理岗位要求人员具有医学或医疗保险教育背景，熟悉医疗保险和医院的各项制度与流程，业务精通，耐心细致，善于沟通协调，具有分析和解答问题的能力。

（3）医保财务管理人员：医疗保险是围绕医疗的需求与供给以及医疗费用的筹集、管理和支付的过程，医院医保工作中有大量的事务需要财务人员去完成，以确保医院的经济活动正常运行。通常需要在医保窗口设置报销窗口来方便患者和本院职工。医保财务管理岗位要求人员具有财务教育背景和会计资格证书，熟悉医疗保险报销、结算办法和医院的财务制度，业务精通，纪律严明，认真负责，善于沟通，具有较强的执行和反馈能力。

（4）医保质量管理人员：医疗保险质量是医院的医疗质量和管理水平的反映，医院应从提升医保服务质量、提高医疗质量、控制医疗费用不合理增长等层面出发，按照医疗质量的三级结构（即结构质量、环节质量及终末质量）对各环节实施有效控制，构建医院医保质量管理体系，实现医疗保险质量的持续改进与提高。医保质量管理岗位要求人员具有医学或医疗保险、卫生管理教育背景，掌握国内外医疗保险管理和医疗质量管理发展动态，熟悉医疗保险政策、医院制度和医院医保管理工作，业务全面，知识面广，认真细致，责任心强，具有管理能力、沟通能力、综合分析和解决问题的能力。

（5）医保信息管理人员：医院医保信息系统已成为医疗保险和医院的基础设施与技术支持环境，不仅要完成与医保经办机构的数据交换和财务结算等一般业务功能，还应具备动态监控、统计分析、质量控制等信息管理功能，提升医院医保的综合管理水平。因此，医保科不仅需要配备专（兼）职信息管理人员，而且整个医保科工作人员都应掌握医院信息系统的常规操作和办公自动化技术。医保信息管理岗位要求人员具有计算机教育或培训经历，熟悉医保经办机构和医院的信息系统，了解医疗保险和医院的各项制度流程，业务精通，认真负责，思维灵敏，善于沟通协调，具有分析和解决问题的能力。

二、医院医保管理组织结构

（一）院级医保管理职能

1.医疗保险管理委员会的组织管理

要全面提高医疗保险管理水平，不仅需加强行政管理，更需专家管理和多部门协作联动的质量管理运行机制。委员会是将多人的经验和背景结合起来形成一种跨越职能界限、以集体活动为主要特征的组织形式，可集思广益，提高决策的正确性，协调各职能部门间的交流和合作。中国目前的医院评审标准中要求的质量管理组织未包括医保质量管理组织，建议二级以上医院在已有的医疗质量管理委员会工作中增加医保管理的内容，或单独设立医疗保险管理委员会。将医疗保险管理融入医院管理体系，是贯彻国家医疗保险改革政策的体现，也是医院发展的需要。医院医保管理委员会组织管理如下：

（1）医保管理委员会负责制定医保管理和持续改进方案，定期研究医保管理的有关问题，建立多部门管理协调机制。

（2）医保管理委员会由医院院长和分管医保的院级领导、各临床、医技、职能科室的专家组成，成员均为兼职担任，委员会的办事机构设在医保科。

（3）确定适当的委员会规模。如果规模太大，成员之间交流难度增加，影响效果；而成员过少，则代表性差，不能体现各方利益。

（4）在医保质量管理委员会的基础上，各科室设置兼职的医保管理员，形成医院、科室、个体三级医保质控体系，落实各项医保制度，反馈执行中存在的问题。

（5）医保管理委员会与医保科的业务分工：对医院有重大影响的决策问题、涉及不同部门的利益和权限的问题，由委员会决策比较有效；而对于日常事务性工作，或只涉及具体业务，则由医保职能部门来完成。

（6）医保管理委员会通常每年召开1—2次会议，有关医保管理的重大问题可随时召开，形成的决议报院领导批准后成为医院工作的决定，会议要形成会议纪要。

（7）每次会议前要根据会议主题做好计划，根据会议不同目的（协调、决策、咨询等）选择合适的成员参加，会议主持者在讨论中要善于组织和引导，既要给成员自由发表意见的机会，也要从全局考虑，综合各种意见，提出既有利于医院医保管理，又能被多数成员所接受的方案。

2.医院医保管理委员会的职能

（1）制定全院医保管理策略、规划、目标、制度、措施。

（2）负责组织协调医院医保管理的实施、监督、检查、评价、持续改进。

（3）负责院内医保重大事项的决策，参与定点医院医疗服务协议书的制定。

（4）定期组织实施全院医保质量检查，进行质量分析、讲评。

（5）指导各科室医保管理小组开展活动，督导完成各项指标、计划、措施等。

（6）通过召开会议、医保查房等形式监督、检查、调研医保制度执行情况。

（7）针对医保质量管理中发现的问题进行跟踪分析，制定改进措施。

（8）协调仲裁医院医保绩效考核中的有关争议。

（9）组织医保管理的培训，指导各科室执行医保相关制度。

（10）协调和加强医保科与各科室的联系，共同协作，提高医保管理绩效。

（11）完成省、市医保行政主管部门及经办机构安排的相关工作。

（12）加强与其他医院医保管理委员会的联系与交流。

（13）定期向医院领导汇报医保管理委员会的工作。

（二）科级医保管理职能

科级医保管理需医保科和各临床、医技、职能科室密切配合，共同完成。

1.医保科管理职能

主要包括：负责医院医保管理工作、门诊慢性病管理、与各级医保进行费用结算、开展医保三大目录管理、组织医保各类检查等。

2.医院医保管理相关科室职能

医疗保险管理质量反映着医院的医疗质量和管理水平，医院医疗保险管理的范围涉及医院管理的各个方面。从部门来讲，涉及医务、财务、信息、物价、病案、门诊、住院等多部门；从专业来讲，涉及医院管理、财务、医疗、护理、医技、计算机等多个专业；从流程来讲，涉及挂号、门诊就医、住院就医、费用上传、出院结算、费用报销、费用支付等诸多环节。

定点医疗机构各科室可成立医保管理小组，以点带面，宣传医保政策，负责参保病人的全面管理和费用监控工作。小组成员由科室主任、护士长、医保管理员组成。科室医保管理小组职责如下：

（1）科主任、护士长负责本科室的医保管理工作。

（2）各科室应定期组织医护人员认真学习医保制度，积极参加院内医保培训和质控活动。

（3）掌握医保政策动态信息，将医保办上传下达的信息传达到科室，督促执行。

（4）建立科室医保质控记录本，记录医保政策学习、检查、督导、反馈、改进情况。

（5）指导本科室医务人员医保工作，对工作中存在的问题及时反馈与改进，有疑难问题及时咨询医保科人员解决。

（6）指导科室物价收费工作。计费需与医嘱、检查结果相符，对患者做好费用清单解释工作，自费项目及时告知并签同意书。

（7）医保患者出院前，医保管理员核实基本信息、病种、医保支付方式等情况，核对病历与费用汇总单，有问题及时解决，无误后再在系统中提交出院。

(8) 定期向医院医保管理委员会汇报工作情况。

三、医院医保管理的实施

医院获得医疗保险定点医疗机构资格以后，医疗保险经办机构与定点医疗机构定期签订《医疗保险服务协议》，通过费用支付结算审核、各种医保审批、日常和年度监督检查等方式，对医院医疗服务进行全方位的监督和管理，既有事前准入管理、事中过程管理，也有事后监督检查。由于中国医疗保险政策的复杂性、医保经办机构的多重性，各个经办机构、各类参保人员的管理办法、享受待遇以及结算方式不尽相同；同时在医疗保险制度的运行中，各地的医保政策和支付办法根据国民经济水平等指标也在不断调整；医院本身受到卫生系统、社保系统、物价部门等多个行政部门的管理和监督，各部门根据自身管理需要自行制定政策，而这些管理办法和管理指标常常不一致；医院医保管理的范围涉及医院内部的多个科室、多个专业、多个环节。这些因素都使医院医保管理工作的难度加大。

医院医保管理者应综合各个医保经办机构的协议内容和管理办法，进行政策分析，并结合医院管理制度和诊疗常规，制定医院医保管理办法，将医保政策紧密地结合到医院的各项业务工作中，规范各个环节的运行，使医保工作正常有序运行。同时，根据医保政策的变化，在信息系统和就医流程等方面及时改进，对流程进行优化，对院内人员进行培训和指导，保证医保政策的贯彻实施与参保人员的顺利就医。医保管理的策划与实施过程如下：

（一）计划与设计

包括对医院医保管理趋势的预测，建立计划和目标方案、步骤内容、工作岗位、工作方法的设计等。根据医疗保险和医疗卫生的政策制度和发展趋势，制订医院医保管理工作的长期计划、中期计划和短期计划。长期计划是医院医保管理的战略性计划，短期计划通常指年度计划，中期计划则居于前两者之间，三种计划相互衔接。科室计划形成后，应据实际需要来确定管理目标，同时，应根据医保业务制订专项工作计划，做到任务明确。工作设计

指总体设计和对工作内容和工作方法的描述,主要包括:

1.医保管理的规章制度。包括全院的医保管理制度与医保科的管理制度。

2.各项工作的任务和要求。包括工作目标、操作流程、功能关系、评价标准等。

3.岗位工作内容。包括岗位名称、人员要求、岗位职责权限、工作内容、各岗位间的功能关系等。

(二)实施与控制

医保管理计划的科学性、正确性与适宜程度在实施中得到检验,不断修正、补充和完善,并进行检查、纠偏、监督等管理活动,实现良好的前馈控制、现场控制和反馈控制,从而确保计划目标的实现。

1.组织管理

建立健全医保行政管理和质量管理组织,发挥其在医保质量控制中的作用。在医院—科室—个人三级质量控制网络结构中,科室质量控制起着重要的作用。同时,强化个体质量控制,发挥每位工作人员的特点和作用,让组织成员参与到医保质量管理的过程中。

2.流程管理

流程管理(Process Management)是一种以规范化的构造端到端的业务流程为中心,以持续地提高组织业务绩效为目的的系统化方法。它是一个操作性的定位描述,指的是流程分析、流程定义、资源分配、时间安排、流程质量与效率测评、流程优化等。医保业务的实施需通过制定相应的操作程序来完成应用流程管理。对计算机网络环境下的医保病人就诊、住院、结算、审核等医院医保工作流程进行设计和优化,把原有以职能为中心的传统管理模式转变为以流程为中心的新管理模式,是改善服务方式、提高医保工作效率和质量的基础,也是医院实行全方位优质服务的系统工程之一。

3.重点环节

在医院医保工作的全过程中,存在着许多环节,环节质量反映了医保运行情况,环节质量控制接近于实时监控。医院医保管理的重点环节应放在核心制度、重点内容、重点患者、基本规范等方面。核心制度包括医院医保管理制度、医保项目审批制度、医保财务管理制度等；重点内容有病历书写、医疗收费、各种审批、目录对应、用药管理、费用结算、宣传培训等；重点患者指新入院、危重、使用贵重药品和人工材料、长期住院、多次住院、准备出院、单病种、外伤和病理产科等需加强医保病种审核的病例；基本规范要注意医嘱与报告单、费用清单的一致性，检查、治疗、用药的合理性，医疗收费的合理性，疾病诊断书写的规范性等。

4.质量控制

控制是质量管理的基本手段。完整的医保质量控制应是以个体质量控制、科室质量控制和院级质量控制三级层次展开。个体质量控制依靠各级人员职责、规章制度、知识、技能和经验，是医保质量管理的基本形式；科室质量控制主要是进行环节质量管理和终末质量检查和评价；院级质量控制主要是指医院领导和职能部门起到组织协调的作用，并以各种形式参与医保质量控制。通过环节管理和事后检查，结合前馈控制，即有效的计划管理，改善工作流程和制度、加强相关知识培训，预防问题的发生，从而形成检查、反馈、整改、提高的良性循环，实现质量的持续改进。

（三）协调与沟通

协调就是正确处理组织内外各种关系，为组织正常运转创造良好的条件和环境，促进组织目标的实现。传统的医疗管理注重质量和安全方面，而医疗保险更侧重于总体的费用控制和医疗服务的管理，而且涉及的内容远远超过了医政管理的范围，反映出的问题更多的是由于医疗保险政策制度或者医院管理方面的原因。因此，医院医保工作受到医院或行业内外环境的影响。例如，政府和医保经办机构的政策制度，医院规模、管理水平、领导体制、机构设置、各种资源、工作条件等，也与医保科内部的管理方式、人员素质、薪酬待遇、激励机制等密切相关。医院医保管理者应重视同医院内外各相关部门的沟通和协调，将不利因素变为有利因素，更好地开展工作。

第四节 医院医疗保险基础管理

在中国当前的社会医疗保险管理模式下，国家各级医保部门通过定点医疗机构准入和签订医疗服务协议等方式对医疗机构施行管理。医院需要依据医疗保险相关政策，制定完善的管理办法，保障参保人员就医需求，有效控制不合理医疗费用，促进基本医疗保险服务健康发展。

在医疗保险管理过程中，协调医院、医保经办机构、患者三方关系，维护三方共同权益，促进医疗保险与医院的可持续发展是其管理理念，提高医院的社会效益和经济效益是其管理目标。加强内部管理和调整运行模式，建立医院医保基础管理、财务管理、就医管理、结算管理、信息管理、质量管理等方面的管理制度，是适应医疗保险制度的需要，也是加强医院管理的必然需求，下面以医保财务管理为例介绍相关方法。

一、当前医院医保财务工作现状及存在的问题

（一）医院医保财务工作现状

自职工基本医疗保险启动后，多数医院成立了医保管理部门，最初的医保管理部门有的作为单独部门，有的将其挂靠在医务科、财务科，甚至有的由保卫科、后勤科负责管理。由于中国社会医疗保险制度改革起步较晚、有关配套建设尚不健全等原因，目前医院医保管理工作普遍存在着管理服务职能模糊、地位与角色尴尬、管理服务体制混乱等问题，再加上各医院对医保认识、重视程度不同造成各家医院医保部门管理内容、效果存在差异，如从工作职能上有的仅管理政策，即政策的上传下达，而有的除包括医保政策上传下达外，还包括医保患者统筹金（医院代患者垫付的金额，下同）账务管理、与社保部门联系沟通索要回款、与医院财务与社保财务核对统筹金等工作。

2014年12月31日，中国医院协会印发的《全国医院医疗保险服务规范（试行）》规定了医院医保管理部门职责有：健全规章制度、组织宣传培训、

医保收入分析、质量管理控制等七大职责，而做好医保收入统计及分析是其中的重要职责之一。

医院医保财务工作就是围绕医保收入统计、分析等开展工作，具体包括：医保患者统筹金明细账（会计科目为应收医疗款）管理，社保部门医保超支等各类扣款统计、分析，医保患者工作量、收入数据分析，病种收入统计及分析、对结算窗口医保患者统筹金结算情况的检查等工作。

（二）医保财务核算工作存在的问题

当前，基于国家主管部门相关规定、医院对医保重视程度及医院内部管理上的不同等原因，医院医保财务工作在核算中还存在如下问题：

一是医保财务管理工作在定点医院并无统一的管理模式，医保财务业务和人员有的归属于财务部门，有的归属于医保部门，医院财务制度中也没有涉及医保的相关规定，国家主管部门还没有针对医保财务制度做统一规范、规定，基本上是各家医院根据实际工作各自制定。

二是各家医院对医保工作重视程度尚可，但对医保部门财务工作职能未引起足够重视，也没有发挥其相应作用。

三是医院医保部门明细账与医院财务总账数据按照医院财务制度进行日常管理，但医院医保部门负责的财务明细账管理上没有统一规范，可能造成财务数据与实际垫付数据不符。如，由于有的医院特别是综合医院患者身份来源多，医院为患者垫付的类别多、回款频率高、结算量大，可能出现明细账数据与实际垫付金数据不一致而造成财务信息失真。

四是各家医院医保数据统计、分析没有统一模板，医保财务分析数据不系统、不规范，没有展现医保财务工作，也未全面、客观提供医保分析数据，没能发挥医保财务工作的参谋作用。另外，医院医保财务数据的多样性，使各医院之间无法进行横向比较，不能满足对同地区同类数据的研究分析。

二、医保财务核算工作体系

为确保医保财务工作顺利开展，提高医保财务工作管理水平，确保医保财务工作有序、规范，医保财务工作应该从以下两大部分开展：

（一）制定医保财务管理办法

医保财务管理办法包括医保财务核算内容，岗位设置及岗位职责，账务管理规定，数据统计分析方法，数据通报时间、范围等相应内容。

该办法是医保财务核算的具体规范，是确保核算正规化的根本保证，各医院可根据各自具体职能制定本单位财务管理办法。

（二）设置专门岗位，明确岗位工作内容及具体工作方法

根据单位内部控制不相容职务内部牵制原则，结合当前实际工作，医保财务工作设置2—3个岗位，分别为：账务管理岗位、结算材料报送回款及对账岗位、结算数据分析岗位，上述岗位的主要工作内容及具体工作方法为：

1.账务管理岗位

具体内容包括医院统筹金发生及收回金额的核对、登记等账务工作，月底做出各类别余额与医院财务部门总账对账，及时调整因社保部门扣款造成的账户差额，确保账账相符；对统筹金、统筹比例增减及余额变化进行相应分析。

本岗位负责医院统筹金明细账（应收医疗款），其具体管理和医院账务管理规定、方法相同，不再赘述。但要注意两个问题：一是该岗位需定期和政府社保部门沟通，但社保部门不对医院先行代患者垫付的统筹金进行账务处理（挂账），一般采取以患者具体费用为单位进行逐一结算，汇总后根据医保基金情况向医院直接拨付统筹金，故医院统筹金账户数据无法和社保部门逐一核对，社保部门通常不出具对账材料；二是各账户之间不仅要账账相符，还要做到账实相符。因医院可能涉及的患者统筹金类别太多，政府社保部门付款方式较为特殊，其支付医院的款项中可能要扣除病种超支、总额超

支、不合理扣款、保证金等不同项目，账簿余额中包含的内容比较复杂，需使明细表汇总数与账户余额一致，确保总账与明细账账实相符。

2.结算材料报送、回款及对账岗位

包括核对各类别患者结算明细数据，收集整理结算材料，根据政府社保部门规定整理后及时报送各社保部门并收回医院之前代垫的统筹金，做好报送、收回材料数据的登记、核对工作。

该岗位要求工作人员每天均要核对、整理医院留存的结算材料，按照要求按时将结算材料报送各社保部门。

本岗位需设置主要工作报表三套：一是建立医院患者统筹金明细表；二是建立上报社保部门患者统筹金明细表；三是建立各社保部门拨款明细表。月底上述三套报表相互一一核对后，根据结果再做出三套报表，分别为：未上报社保局患者统筹金等数据明细表、已上报未拨款患者统筹金等数据明细表、未上报已拨款患者统筹金等数据明细表。以上报表均是以类别为单位、按不同患者设计，其内容一般包括患者信息、类别、患者收入、医院统筹金金额、结算时间等。不同月份对账结果汇总后，可清晰呈现出医院统筹金、回款、未回款数据明细信息，极大方便了财务人员账户数据核对，也方便了医院全面、准确掌握医院为患者垫付的统筹金及余额等相关数据。

3.数据分析岗位

该岗位具体从工作量、医保收入、统筹金、统筹比例等项目入手，按月、季、年进行按月统计、季度及年度分析。通过数据对比，分析各数据变化原因，形成书面报告上报院领导，当好领导医保工作参谋。

针对常规分析内容，计算出医保患者均次收入、每人次统筹金额、统筹比例等相应指标，通过采取比较分析法、因素分析法、结构分析法等技术方法对工作量、收入、统筹金等项目进行详细分析。根据不同指标数据结果，建议设定以下统计报表进行数据归集统计。

（1）医院医保患者工作量、收入、统筹金、统筹比例等数据报表（表3-1）。本报表可体现一定期间内医院医保整体情况的汇总数据，根据数据对比某期间内医保患者整体的增减变化，分析具体原因，据此相应调整工作方向，如人均收入增减较多，需要对此再进行详细分析，查找原因，以调整工作中可能存在的问题。

表 3-1　××年×月医院医保患者主要数据统计表（汇总）

项目	××年	××年	同比增加	同比增长
出院人次				
收入				
统筹金				
统筹比例				
每人次收入				
每人次统筹金				
……				
合计				

（2）医保住院（或门诊）各类别患者工作量、收入、统筹金、统筹比例等数据报表。本报表按职工医保、居民医保、生育医保、工伤医保等四大类统计一定期间出院人次、收入等相应数据（表格格式同表 3-1）。该四类报表内容相同，但患者身份不同，此类报表可展示医院各类保险病人各自工作量等数据变化情况。根据各类别数据变化情况，结合各类别数据占全部数据比例，分重点地对变化较大或异常指标进行分析，以查找工作中可能存在的问题，并加以改进。

（3）各临床科室医保各类别患者工作量、收入、统筹金、统筹比例等数据报表。本报表以临床科室为单位来统计各科室工作量、收入等相应指标数值变化情况（表格格式同表 3-1），展现各临床科室医保患者工作量、收入、统筹金等数据及变化情况，根据变化趋势分析、查找原因，以作为调整工作方向的重要参考。

对上述数据采取同比、环比等计算方法进行对比分析，根据数据变化结果剥茧抽丝、层层递进，直到查找到最终原因，并分析总结相关经验、提示存在的问题，提出切实可行的措施或建议，以文字、图表等多种方式形成综合分析报告报送院领导及相关科室。另外，针对日常工作中发现个别异常数据、个别指标异常变化，不定期进行专项分析，以矫正可能存在的舞弊或错误的发生。

　　医院医保财务工作是医院医保管理的重要职责，也是医院经济管理的重要内容，做好此项工作，对提高医院经济效益、降低医保患者个人经济负担、确保医保基金合理适用具有重要意义。医院医保财务人员应加强专业理论学习，创新工作理念，提高业务技能，为医院医保财务工作精细化、规范化、科学化、信息化发展做出贡献。

第四章　基本医疗保险基金筹集和待遇清单

第一节　基本医疗保险基金筹集

基本医疗保险基金是为实施基本医疗保险制度而建立的专项基金,是基本医疗保险制度顺利运行的必要条件和坚实基础。

一、基金筹集

基本医疗保险基金的筹集不仅取决于制度的保障程度,而且还取决于参加医疗保险制度群体的数量和经济状况。确定基本医疗保险基金筹集的原则、对象和方式,对于及时、足额筹集基本医疗保险基金是非常必要的。

(一)基金筹集原则

1.以收定支、收支平衡原则

基本医疗保险统筹基金又称基本医疗保险基金,是指国家为保障参保人员的基本医疗待遇,由医疗保险经办机构按国家有关规定,向政府、参保单位、参保个人筹集用于基本医疗保险的专项基金。该项基金由政府或参保单位、参保个人按照一定的缴费比例共同缴纳。

基本医疗保险的缴费应该能够满足医疗保障的需要,而不以营利为目的。目前中国基本医疗保险制度的社会统筹部分实行现收现付制,个人账户部分实行基金积累制。

2.保障基本医疗需求的原则

医疗社会保险提供的保障是基本医疗保障，保障患者的基本医疗需求。基本医疗保险提供的保障水平不能过高，否则，就会造成医存支付费用的过快上涨，造成基本医疗保险缴费率的上涨，给用人单位、国家和个人带来较重的经济负担。

3.统一费率原则

基本医疗保险基金在统筹地区内统一管理、统一调剂、统一使用，以保障制度覆盖范围内群体的医疗保险费用支出。对此，基本医疗保险基金的筹集必须统一费率，这不仅有利于平衡企业的负担，促进企业间公平竞争，而且有利于发挥基本医疗保险的互助互济功能。

（二）基金筹集渠道

基本医疗保险基金的筹集主要来自政府、用人单位和个人。这三种筹资渠道的不同组合，会形成不同的资金筹集模式。例如，中国基本医疗保险基金的筹资渠道主要有以下几个方面。

1.财政拨款

政府财政拨款主要是指依据医疗社会保险制度的有关规定，为政府机关、文化、教育卫生等单位的工作人员筹集资金。例如，中国一些机关事业单位工作人员的医疗费主要由财政预算内拨款解决，在"公费医疗经费"中列支。目前城镇居民基本医疗保险、新型农村合作医疗资金的一部分来源于财政拨款。

2.单位缴纳

按照《国务院关于建立城镇职工基本医疗保险制度的决定》（国发〔1998〕44号），基本医疗保险费由用人单位和职工共同缴纳。用人单位缴费率应控制在职工工资总额的6%左右，职工缴费率一般为本人工资收入的2%。随着经济的发展，用人单位和职工缴费率可做相应调整。用人单位按照上年度职工工资总额的一定比例，为本单位职工缴纳医疗保险费。现阶段，中国城镇企业职工基本医疗保险的缴费主体是用人单位。

3.个人缴费

国家机关、事业单位工作人员和企业职工（公民）是基本医疗保险制度的受益人，个人有义务缴纳一部分医疗社会保险费。目前，中国城镇企业职工基本医疗保险、城乡居民基本医疗保险均要求个人缴纳基本医疗保险费。

4.社会保险经办机构罚没的滞纳金

对于没有按照基本医疗保险管理机构的有关规定按时缴纳基本医疗保险费的用人单位和个人，管理机构有权对其进行处罚，罚没的滞纳金应该纳入基本医疗保险基金管理。

5.利息收入

基本医疗保险基金除了支付即期医疗费以外，还有一小部分结余，这部分结余会形成一定的利息收入，这部分利息收入也是基本医疗保险基金的收入。

基本医疗保险基金当年筹集的部分，按银行活期存款计息；上年结转的基金本息按3个月期整存整取储蓄存款利率计息；存入社会保险基金财政专户的沉淀基金，比照3年期零存整取储蓄存款利率计息，并且不低于该档次利率水平。政府管理部门规定的这种计息方式不利于资金的管理。

6.其他收入

如社会团体和个人对基本医疗保险基金的捐款等。

（三）缴费基数和缴费比例

1.缴费基数

缴费基数直接影响基本医疗保险基金的筹集。缴费基数大，缴纳的医疗保险费就多；反之，缴纳的医疗保险费就少。一般来说，医疗社会保险的缴费基数是职工工资，没有工作单位的居民则缴纳固定金额的保险费。由于各地情况不同，医疗社会保险的缴费基数和比例也是不同的。例如，中国企业职工基本医保险缴费的基数是按照个人、用人单位两项确定的。职工个人以本人上年度月平工资作为缴费基数，用人单位以在职职工上年度月平均工资总额作为缴费基数。职工工资高于当地上年度月平均工资300%的，以当地职工上年度月平均工资的300%为缴费基数。个体工商户、私营企业职工等非工薪收入者，可以按当地上年度社会平均工资作为缴费工资基数。用人单位以全部职工缴费工资总额作为医疗社会保险缴费的基数。无法确定职工本人上年度月平均工资的，以上年度当地职工月平均工资为缴费工资基数。

2.缴费比例

缴费比例也直接影响基本医疗保险基金的筹集。缴费比例高，筹集的资金就多；反之，筹集的资金就少。一般来说，医疗社会保险的缴费由用人单位、个人承担。个人缴费比例是指社会保险行政部门或者税务部门按照职工个人工资确定缴费（或纳税）的比例。用人单位缴费比例是指社会保险行政部门或者税务部门按照用人单位职工工资总额确定缴费（或纳税）的比例。例如，中国医疗社会保险改革初期，要求个人缴纳工资总额的2%，用人单位缴纳职工工资总额的6%。

二、基本医疗保险个人账户的建立

基本医疗保险个人账户制度是基本医疗保险管理制度方面的独创，个人账户是个人缴纳基本医疗保险费的自我约束和储蓄积累的机制。建立职工个人账户可以让职工年轻时为年老时积累资金，可以缓解职工个人患重病、大病以及人口老龄化带来的医疗费用支出增加的压力。

个人账户资金来源于职工个人缴费和用人单位缴费。《国务院关于建立城镇职工基本医疗保险制度的决定》（国发〔1998〕44号）规定，中国职工医疗保险个人账户的资金主要来源于两部分：一是职工个人缴纳的基本医疗保险费，缴费率为职工工资的2%；二是用人单位缴纳的基本医疗保险费的一部分，通常用人单位缴费的30%左右划入职工个人账户。此外，利息收入和依法纳入个人账户的其他资金也是职工个人账户资金的来源。退休人员个人不缴费，但也要为其建立个人账户。退休人员个人账户的资金全部由用人单位缴费部分解决，且计入退休人员个人账户的金额不得低于在职职工个人账户的金额。

《国务院关于建立城镇职工基本医疗保险制度的决定》（国发〔1998〕44号）明确指出，个人账户本金和利息归个人所有，可以结转使用和继承。

职工或退休人员死亡时，其个人账户存储额划入其继承人的医疗保险个人账户，继承人未参加基本医疗保险的，个人账户存储额可以一次性支付给继承人；没有继承人的，个人账户存储额纳入基本医疗保险统筹基金。参加基本医疗保险的人员，在参保的区（县）内流动时，只转移基本医疗保险关系，不转移个人账户存储额。在跨区（县）或者跨统筹地区流动时，转移基本医疗保险关系的同时，也要转移个人账户存储额。

为解决医疗保险个人账户资金沉淀多、共济性差、不能满足人民群众医疗健康需求、支付管理不规范等问题，以进一步提高资金使用绩效，需要对个人账户逐步进行改革，一是适度调整职工医疗保险个人账户支付范围，除可用于本人门诊消费、药店消费及医保统筹基金报销后需个人负担的费用外，可用于支付近亲属（配偶、子女、本人的父母、配偶的父母）参加居民基本医疗保险、长期护理保险的个人缴费部分；本人和近亲属健康检查及在定点零售药店购买相关药品。二是推动职工医保门诊保障由个人积累模式向社会互助共济模式转变，改进个人账户计入办法，提高门诊统筹保障水平，减轻群众特别是患病率较高的年老体弱群体的门诊医疗费用负担。

第二节　医疗保险基金管理

基本医疗保险基金是以法定或者约定的方式，由参加基本医疗保险的用人单位和个人缴纳的医疗保险费汇集而成的货币资金，是由社会保险经办机构管理、用于支付个人因疾病而花费医疗费用的货币资金。基本医疗保险基金的管理是指基本医保险基金从筹集到支付的管理，它涉及多方经济利益关系的调整和平衡。

管好、用好医疗保险基金是医疗保障工作的重中之重。中国基本医疗保险基金的管理中需要注意的问题如下。

一、医疗保险费征缴模式

现阶段，医疗保险费实行税务征收。具体征收模式主要有两种：一是采取全责征收模式，企业、灵活就业人员自行向税务部门申报缴纳医疗保险费；二是采取代收模式，也就是"医保核定、税务征收"模式，医保部门核定缴费金额，税务部门按照核定金额进行征收。

二、实行财政专户管理

《国务院关于建立城镇职工基本医疗保险制度的决定》（国发〔1998〕44号）规定，基本医疗保险基金纳入财政专户管理，专款专用，不得挤占挪用。社会保险经办机构负责基本医疗保险基金的筹集、管理和支付，并要建立健全预决算制度、财务会计制度和内部审计制度。社会保险经办机构的事业经费不得从基金中提取，由各级财政预算解决。

三、基本医疗保险基金的银行计息办法

当年筹集的部分，按活期存款利率计息；上年结转的基金本息，按3个月期整存整取银行存款利率计息；存入社会保障财政专户的沉淀资金，比照3年期零存整取储蓄存款利率计息，并不低于该档次利率水平。个人账户的本金和利息归个人所有，可以结转使用和继承。

四、监督管理

各级医疗保障和财政部门，要加强对基本医疗保险基金的监督管理。审计部门要定期对社会保险经办机构的基金收支情况和管理情况进行审计。统筹地区应设立由政府有关部门代表、用人单位代表、医疗机构代表、工会代表和有关专家参加的医疗保险基金监督组织，加强对基本医疗保险基金的社会监督。

五、基本医疗保险基金支出范围和标准的规定

地区、部单位必须严格执行国家有关基本医疗保险基金支出范围和标准的规定，任何地区、部、单位和个人不得以任何名义擅自扩大开支的范围、增加开支的项目和提高支付标准。

六、基本医疗保险基金由统筹基金和个人账户构成

国务院《关于建立城镇职工基本医疗保险制度的决定》（国发〔1998〕44号）规定，要建立基本医疗保险统筹基金和个人账户。统筹基金和个人账户要划定各自的支付范围，分别核算，不得互相挤占。要确定统筹基金的起付标准和最高支付限额，起付标准原则上控制在当地职工年平均工资的10%左右，最高支付限额原则上控制在当地职工年平均工资的4倍左右。起付标准以下的医疗费用，从个人账户中支付或由个人自付。起付标准以上、最高支付限额以下的医疗费用，主要从统筹基金中支付，个人也要负担一定比例。超过最高支付限额的医疗费用，可以通过商业医疗保险等途径解决。统筹基金的具体起付标准、最高支付限额以及在起付标准以上和最高支付限额以下医疗费用的个人负担比例，由统筹地区根据以收定支、收支平衡的原则确定。

第三节　基本医疗保险制度的保障项目和费用分担方式

一、公民的基本医疗保险参保和缴费义务

中国实行全民医疗保障制度。全体中国公民与合法定居的外籍居民（如持有就业绿卡的外籍居民），均为基本医疗保险的应参保人。婴幼儿在入户之日起30天以内，凭借婴幼儿出生证明和母亲身份证复印件办理参保手续，从其出生之月起缴费和享受基本医疗保险待遇。

（一）用人单位和职工的缴费基准

用人单位是指具有用人权利能力和用人行为能力，运用劳动力组织生产劳动和支付工资福利等劳动报酬的单位，包括企业、个体经济组织、民办非企业单位、国家机关、事业组织、社会团体。

职工，在西方国家称雇员，是指与用人单位存在事实劳动关系的人，包括党政机关、事业单位、国有企业、民营企业、个体工商户和各类社会组织的全体在职、退休人员。通常，在履行参加基本医疗保险和缴费义务时，实行用人单位代理参保登记和申报相关信息与代扣代缴保费，用人单位和职工共同履行缴费义务。

1.医疗保险参保登记和社会保障卡

《中华人民共和国社会保险法》第五十七条规定："用人单位应当自成立之日起三十日内凭营业执照、登记证书或者单位印章，向当地社会保险经办机构申请办理社会保险登记。"用人单位在办理参保登记时，必须认真填写和报送《职工基本医疗保险单位登记表》、《职工基本医疗保险花名册》、单位和开户银行盖章后的委托缴纳职工医疗保险费协议书，以及本单位上月的财务报表、职工工资表。用人单位的社会保险登记事项发生变更或者用人单位依法终止的，应当自变更或者终止之日起三十日内，到社会保险经办机构办理变更或者注销社会保险登记。

《中华人民共和国社会保险法》第五十八条规定："用人单位应当自用工之日起三十日内为其职工向社会保险经办机构申请办理社会保险登记。"

国家鼓励无雇工的个体工商户、未在用人单位参加职工基本医疗保险的非全日制从业人员以及其他灵活就业人员（以下统称灵活就业人员）参加职工基本医疗保险。但是，参保人员不得重复参加基本医疗保险。自愿参加社会保险的灵活就业人员，应当向社会保险经办机构申请办理社会保险登记，国家建立了全国统一的个人社会保障号码，并实现了个人社会保障号码与居民身份号码的统一。完成社会保险参保登记和审核后，即获得社会保障号码以及社会保障卡或者电子社会保障卡（含医疗保障卡）。

2.基本医疗保险缴费基准

医疗保险缴费基准由缴费基数和缴费费率构成。职工基本医疗保险费应当由用人单位和职工共同缴纳，并实行用人单位统一代扣代缴制；以个人身份参加职工基本医疗保险的灵活就业人员，基本医疗保险费由个人缴纳，缴费基数是用人单位以国家规定的职工工资总额为缴费基数。根据国家统计局的有关规定，职工工资总额是指各单位在一定时期内支付给本单位全部职工的劳动报酬总额。本人月工资总额超过本市上年度在岗职工月平均工资300%的，按本市上年度在岗职工月平均工资的300%缴费；月工资总额低于本市上年度在岗职工月平均工资60%的，按本市上年度在岗职工月平均工资的60%缴费，各地区实际情况有所不同。待医疗保障法实施之后，应当实现全国统一缴费费率，即职工本人上年度工资总额的一定比例。1998年《国务院关于建立城镇职工基本医疗保险制度的决定》（国发〔1998〕44号）是建立职工基本医疗保险的第一个指导性文件，规定用人单位缴费率应控制在职工工资总额的6%左右，职工缴费率一般为本人工资收入的2%。随着经济发展，用人单位和职工缴费率可做相应调整。目前，用人单位缴费率一般控制在职工个人工资总额（或者用人单位职工工资总额）的6%—7%，职工缴费率一般为本人工资总额的2%，合计费率为9%左右。例如，某职工月工资总额为10000元，其用人单位缴费为600元、职工个人缴费为200元。用人单位按照本单位职工工资总额0.5%的比例缴纳生育保险费，职工个人不缴纳生育保险费。

灵活就业人员参加基本医疗保险的，应当按照国家规定缴纳基本医疗保险费。为了鼓励灵活就业人员参加基本医疗保险，有些城市规定，灵活就业人员参加基本医疗保险缴费基数和缴费费率均低于职工的基准，《国务院关于建立城镇职工基本医疗保险制度的决定》（国发〔1998〕44号）对职工基本医疗保险记账方式做出规定："建立基本医疗保险统筹基金和个人账户。基本医疗保险基金由统筹基金和个人账户构成。"基本医疗保险统筹基金是统收统支的基本医保专项基金。基本医疗保险个人账户是计入参保缴费职工个人账户、在法定授权范围内自主决定支出的基本医疗保险专项基金。职工个人缴纳的基本医疗保险费全部计入个人账户。用人单位缴纳的基本医疗保险费分为两部分，一部分用于建立统筹基金，一部分划入个人账户，划入个人账户的比例一般为用人单位缴费的30%左右，具体比例由统筹地区根据个人账户的支付范围和职工年龄等因素确定。《国务院关于建立城镇职工基本医疗保险制度的决定》（国发〔1998〕44号）规定："具体比例由统筹地区根据个人账户的支付范围和职工年龄等因素确定。"很多地区按照年龄的增长不断增加划入个人账户的比例，在实践中伴随人口老龄化的发展划入个人账户的资金越来越多。《国务院关于建立城镇职工基本医疗保险制度的决定》（国发〔1998〕44号）还规定，统筹基金和个人账户要划定各自的支付范围，分别核算，不得互相挤占。伴随人口老龄化的发展，社会医疗保险的互济性越来越小。

（二）居民基本医疗保险缴费标准

《中华人民共和国社会保险法》第二十五条规定："国家建立和完善城镇居民基本医疗保险制度。城镇居民基本医疗保险实行个人缴费和政府补贴相结合。"

1.城乡居民医疗保险制度整合

2016年1月，国务院下发《关于整合城乡居民基本医疗保险制度的意见》（国发〔2016〕3号），明确指出要"统一筹资政策"，坚持多渠道筹资，继续实行个人缴费与政府补助相结合为主的筹资方式，鼓励集体单位或其他社会经济组织给予扶持或资助；要统筹考虑城乡居民医保与大病保险保障需求，按照基金收支平衡的原则，合理确定城乡统一的筹资标准；现有城镇居民医保和新农合个人缴费标准差距较大的地区，可采取差别缴费的办法，利用 2—3 年时间逐步过渡；整合后的实际人均筹资和个人缴费不得低于现有水平。

2.完善筹资动态调整机制

在收支平衡、略有结余的基础上，逐步建立与经济社会发展水平、各方承受能力相适应的稳定筹资机制；逐步建立个人缴费标准与城乡居民人均可支配收入相衔接的机制；合理划分政府与个人的筹资责任，在提高政府补助标准的同时，适当提高个人缴费比重。

3.提高基金保障能力

（1）合理提高筹资标准。2016 年 4 月，人力资源社会保障部、财政部发布《关于做好 2016 年居民基本医疗保险工作的通知》（人社部发〔2016〕43 号）指出，要合理确定筹资标准：2016 年各级财政对居民医保的补助标准在 2015 年的基础上提高 40 元，达到每人每年 420 元。其中，中央财政对 120 元基数部分按原有比例补助，对增加的 300 元按照西部地区 80%、中部地区 60%的比例补助，对东部地区各省份分别按一定比例补助；居民个人缴费在 2015 年人均不低于 120 元的基础上提高 30 元，达到人均不低于 150 元。

（2）探索完善筹资办法。各地要按照基金收支平衡的原则，科学确定当地居民医保实际筹资标准，合理确定财政补助与个人缴费分担比例；要结合整合城乡居民医保制度工作推进，实行城乡统一的筹资政策，并逐步均衡城乡居民筹资负担；结合巩固完善大病保险，合理确定大病保险筹资标准，加大资金支持力度；鼓励有条件地区探索建立个人缴费标准与居民收入相挂钩的动态调整机制，逐步提高个人缴费在筹资中的比重。

（3）确保资金拨付到位。各地要按规定及时拨付中央财政补助资金，省级财政要加大对困难地区的倾斜力度，完善地方各级财政分担办法，确保各级财政补助资金在 9 月底前全部到位；统筹地区经办机构要加强个人缴费责任的宣传落实，做好居民医保基金征缴和大病保险资金划转工作，并与财政部门建立对账制度，及时上报各级财政补助资金到位情况。

4.2023 年缴费标准

2023 年 7 月，国家医疗保障局、财政部、国家税务总局发布《关于做好 2023 年城乡居民基本医疗保险工作的通知》（医保发〔2023〕24 号），《通知》明确指出，要统筹考虑经济社会发展、医药技术进步、医疗费用增长和居民基本医疗保障需求等因素，合理确定城乡居民基本医疗保险筹资标准；2023年居民医保筹资标准为1020元，其中人均财政补助标准达到每人每年不低于640元，个人缴费标准达到每人每年380元。

二、基本医疗保险费的征缴

（一）征收机构

2019年《社会保险费征缴暂行条例》第六条规定："社会保险费实行集中、统一征收。社会保险费的征收机构由省、自治区、直辖市人民政府规定，可以由税务机关征收，也可以由医疗保障行政部门按照国务院规定设立的社会保险经办机构征收。"中共中央办公厅、国务院办公厅印发《国税地税征管体制改革方案》，明确从2019年1月1日起，将基本养老保险费、基本医疗保险费、失业保险费、工伤保险费、生育保险费等各项社会保险费交由税务部门统一征收。医疗保险费和生育保险费的征收正在向税务部门转移，社会保险经办机构应当及时向税务机关提供缴费单位社会保险登记、变更登记、注销登记以及缴费申报的情况。

（二）征收规则

2019年《社会保险费征缴暂行条例》规定，基本医疗保险（含生育保险费）缴费规则如下：

（1）缴费单位和缴费个人应当以货币形式全额缴纳社会保险费。缴费个人应当缴纳的医疗保险费，由所在单位从本人工资中代扣代缴。医疗保险费不得减免。非因不可抗力等法定事由不得缓缴、减免。

（2）缴费单位未按规定缴纳和代扣代缴医疗保险费的，由医疗保障行政部门或者税务机关责令限期缴纳；逾期仍不缴纳的，除补缴欠缴数额外，从欠缴之日起，按日加收2‰的滞纳金。滞纳金并入医疗保险基金。《中华人民共和国社会保险法》第八十六条规定，用人单位未按时足额缴纳社会保险费的，由社会保险费征收机构责令限期缴纳或者补足，并自欠缴之日起，按日加收万分之五的滞纳金；逾期仍不缴纳的，由有关行政部门处欠缴数额一倍以上三倍以下的罚款。

（3）征收的医疗保险费存入财政部门在国有商业银行开设的社会保障基金财政专户，基本医疗保险基金、生育保险基金单独核算。医疗保险基金不计征税费。

（4）医疗保险经办机构应当建立缴费记录，包括记录个人账户缴费情况。负责保存缴费记录，并保证其完整、安全，缴费单位、缴费个人有权按照规定查询缴费记录。

（5）用人单位未按规定申报应当缴纳的医疗保险费数额的，按照该单位上月缴费额的110%确定应当缴纳数额；缴费单位补办申报手续后，由征收机构按照规定结算。用人单位逾期仍未缴纳或者补足医疗保险费的，征收机构可以向银行和其他金融机构查询其存款账户；并可以申请县级以上有关行政部门做出划拨医疗保险费的决定，书面通知其开户银行或者其他金融机构划拨医疗保险费。用人单位账户余额少于应当缴纳的医疗保险费的，征收机构可以要求该用人单位提供担保，签订延期缴费协议。用人单位未足额缴纳医疗保险费且未提供担保的，征收机构可以申请人民法院扣押、查封、拍卖其价值相当于应当缴纳医疗保险费的财产，以拍卖所得抵缴医疗保险费。

三、完善筹资分担和调整机制

《中共中央国务院办公厅关于深化医疗保障制度改革的意见》（中发〔2020〕5号）提出："就业人员参加基本医疗保险由用人单位和个人共同缴费。非就业人员参加基本医疗保险由个人缴费，政府按规定给予补助，缴费与经济社会发展水平和居民人均可支配收入挂钩。适应新业态发展，完善灵活就业人员参保缴费方式。建立基本医疗保险基准费率制度，规范缴费基数政策，合理确定费率，实行动态调整。均衡个人、用人单位、政府三方筹资缴费责任，优化个人缴费和政府补助结构，研究应对老龄化医疗负担的多渠道筹资政策。加强财政对医疗救助投入，拓宽医疗救助筹资渠道。"

完善中国基本医疗保险筹资机制需面对如下挑战。

1.统一缴费费率

基本医疗保险缴费基准与人均 GDP 水平和人口结构具有相关性。中国目前按照工资总额 8%征收基本医疗保险费是一个合理的水平，但在劳动力流入地区和流出地区的费率差异较大，有些经济发达城市费率偏高。要根据人口结构和经济发展水平建立调节费率，提高人口流入地区的费率，适度补贴人口流出地区。

2.夯实缴费基数

《中华人民共和国社会保险法》明确指出，用人单位应当自行申报、按时足额缴纳社会保险费，非因不可抗力等法定事由不得缓缴、减免。但在实际征缴过程中确实存在基数不实的情况，存在瞒报缴费基数的情况。因此，要加强用人单位的缴费基数的稽核，确保足额缴纳。用人单位未按时足额缴纳社会保险费的，由社会保险费征收机构责令其限期缴纳或者补足。

3.建立分担机制

1998 年国务院《关于建立城镇职工医疗保险制度的决定》（国发〔1998〕44号）明确指出，基本医疗保险费由用人单位和职工双方共同负担。职工基本医疗保险缴费企业分担比例是职工的 3 倍，居民医疗保险缴费，政府分担比例是个人的 2—3 倍。居民属于没有稳定收入的群体，难以界定缴费基数和费率。

4.退休人员缴费

医疗保险属于现收现付和社会互济的制度安排，没有积累功能，终生缴费是国际惯例。伴随人口老龄化，退休人员占参保人的比例逐渐提高，其医疗费用占医保基金支出的比例逐渐加大，待时机成熟时，应当讨论和解决退休人员缴费问题。

第四节　医疗保障待遇清单制度

公平适度的待遇保障是增进人民健康福祉的内在要求。《中共中央国务院办公厅关于深化医疗保障制度改革的意见》（中发〔2020〕5号）提出："坚持应保尽保、保障基本，基本医疗保障依法覆盖全民，尽力而为、量力而行，实事求是确定保障范围和标准""建立健全医疗保障待遇清单制度，规范政府决策权限，科学界定基本制度、基本政策、基金支付项目和标准"。2021年8月10日，国家医疗保障局发布的《关于建立医疗保障待遇清单制度的意见》指出，医疗保障待遇清单包含基本制度、基本政策，以及医保基金支付的项目和标准、不予支付的范围根据党中央、国务院决策部署动态调整，适时发布。

一、基本医疗保险待遇

（一）受益资格

按照国际惯例，从缴费到受益有3—6个月的等待期。中国职工医疗保险的待遇等待期为1个月，即参保人自办理参保手续、缴纳医疗保险费次月1日起享受本办法规定的医疗保险待遇。每月20日前申报参保的，按当月参保处理；每月20日后申报参保的按次月参保处理。

（1）按时足额缴纳职工医保费的参保人，从缴费次月开始享受相应的职工医保待遇。失业人员按照规定从领取失业保险金的当月开始享受相应的职工医保待遇。职工医保参保人在停止缴费的次月，停止享受职工医保待遇，但个人账户余额可以继续使用。

（2）用人单位未按照规定为职工参保的补缴应缴费用、利息和滞纳金后，累计参保人职工医保缴费年限，不补付职工医保待遇，期间参保人应当享受的职工医保待遇由负有缴费义务的用人单位承担。用人单位未按时缴纳职工医保费的，从欠缴次月起，参保人暂不享受职工医保待遇；用人单位在欠缴之日起3个月内补缴欠缴费用、利息和滞纳金的,延缴期间应当由统筹基金支付的医疗费用可以补付,参保人缴费年限可以累计,相应金额补划至个人账户。用人单位在欠缴之日起3个月后补缴欠缴费用、利息和滞纳金的,参保人缴费年限可以累计,职工医保待遇不予补付(含个人账户拨付待遇),期间参保人应当享受的职工医保待遇由负有缴费义务的用人单位承担。参保人个人未按时缴纳职工医保费的,不予补缴,期间参保人应当享受的职工医保待遇由负有缴费义务的个人承担。

(3)参加职工基本医疗保险的个人,基本医疗保险关系转移接续时,基本医疗保险缴费年限累计计算。

(二)缴费年限

《中华人民共和国社会保险法》第二十七条规定:"参加职工基本医疗保险的个人达到法定退休年龄时累计缴费达到国家规定年限的,退休后不再缴纳基本医疗保险费,按照国家规定享受基本医疗保险待遇;未达到国家规定年限的,可以缴费至国家规定年限。"退休后不再缴纳基本医疗保险费的规定,既不符合医疗保险现收现付和社会互济的基本原则,也不符合人口老龄化的发展趋势,中国需要选择合适时机,建立终生缴费制度。目前由省市自行规定,缴费年限在20—25年之间。很多人在办理退休手续时,尚未达到这个缴费年限,在退休之后继续缴费。

(三)支付范围

《中华人民共和国社会保险法》第二十八条规定:"符合基本医疗保险药品目录、诊疗项目、医疗服务设施标准以及急诊、抢救的医疗费用,按照国家规定从基本医疗保险基金中支付",即基本医疗保险三个目录,由此构成的基本医疗保险服务包,居民基本医疗保险参照职工基本医疗保险目录协同发展。

1.基本医疗保险药品目录

该目录适用于基本医疗保险参保人,由基本医疗保险基金支付的药物清单是基本医疗保险待遇清单的重要组成部分。1975年,世界卫生组织开始向其成员国推荐制定基本药物名单。1992年，中国开始制定国家基本药物目录。2000年，制定了第一部《国家基本医疗保险药品目录》，并分别在2004年、2009年、2017年进行了三次重大调整。国家医疗保障局成立后，2019年、2020年、2021年、2022年发布了新的药品目录，有效建立了动态调整机制。

2.国家基本药物目录

（1）制定基本医疗保险药物目录的基本原则。一是国家统一制定基本医疗保险药物目录清单，地方政府根据需要提出补充药物目录清单，并报备国家医疗保障局备案。二是临床必需、安全有效。根据参保人临床治疗需要，保障用药安全和用药供给，首先考虑常见病的基本用药需求。三是价格合理、使用方便、市场供给有保障。通过建立药物集中采购与定价机制，控制药品费用支出，保证医疗保险基金收支平衡。四是坚持中西医并重方针，合理推行中西医兼顾的用药行为。五是促进临床医药科技进步和发展，有效推动中国医药事业和产业的发展。

（2）纳入基本医疗保险药物目录的条件。符合上述原则和下列条件之一的，可以纳入基本医疗保险药品目录，包括：《中华人民共和国药典》（现行版）收载的药品；获得国家药品监督管理局注册批件的药品；获得国家药品监督管理局进口批件的药品。不能纳入基本医疗保险药品目录的条件如下：营养制品药品；可以入药的动物及动物脏器和干果类，如海马、胎盘等；用中药材中药饮片炮制的各种酒制剂；各类药品中的果味制剂、口服泡腾剂，如果味维生素C；血液制品，蛋白类制品（急救、抢救除外），如人血清白蛋白等；国家医疗保障局规定不予支付的其他药品。

（3）药品目录的基本结构。基本医疗保险药物目录的基本结构，由西药、中成药和中药饮片三部分组成。西药和中成药采用"准入法"，所列药品为基本医疗保险准予支付的药品。中药饮片采用"排除法"。所列药品为基本医疗保险基金不予支付费用的药品。药品目录中的药晶按照药物学和一致性评价、临床科学用药循证和药物经济评估相结合的办法进行分类，西药和中成药的药品名称采用通用名，并标明剂型；中药饮片采用《中华人民共和国药典》相应名。

西药和中成药分为甲类目录和乙类目录。甲类目录的药品是临床治疗必需、使用广泛、疗效好、同类药物中价格较低的药物，基本医疗保险分担比例相对高。乙类目录的药品是可供临床治疗选择、疗效好、在同类药物中比甲类药品目录药品价格略高的药物，参保人自付比例相对高。

（4）基本医疗保险药物目录的主要内容。《国家基本医疗保险、工伤保险和生育保险药品目录》是基本医疗保险和生育保险基金支付药品费用的标准。《药品目录》分为西药部分、中成药部分、协议期内谈判药品（含竞价药品）部分和中药饮片部分，以上所列药品为基本医疗保险、工伤保险和生育保险基金准予支付费用的药品。

《国家基本医疗保险、工伤保险和生育保险药品目录》（2022年）共包含西药部分1293个，中成药部分1311个（含民族药93个），协议期内谈判药品部分363个（含西药293个、中成药70个），共计2967个。

《国家基本医疗保险、工伤保险和生育保险药品目录》中药品的分类与编号、名称与剂型、备注等内容的解释和说明，是《药品目录》的组成部分，其内容与目录正文具有同等政策约束力。

西药、中成药和协议期内谈判药品分甲乙类管理，西药甲类药品395个，中成药甲类药品246个，其余为乙类药品。协议期内谈判药品按照乙类支付。

中药饮片部分除列出基本医疗保险、工伤保险和生育保险基金准予支付的品种892个外，同时列出了不得纳入基金支付的饮片范围。

《药品目录》包括限工伤保险基金准予支付费用的品种5个；限生育保险基金准予支付费用的品种4个。工伤保险和生育保险支付药品费用时不区分甲、乙类。

药品分类上西药品种主要依据解剖—治疗—化学分类（ATC），中成药主要依据功能主治分类，中药饮片按中文笔画数排序。临床具有多种治疗用途的药品，选择其主要治疗用途分类。临床医师依据病情用药，不受《药品目录》分类的限制。

3.基本医疗保险诊疗项目

该目录是指临床诊疗必需、安全有效、费用适宜的，由医疗保障部门制定了收费标准的，由定点医疗机构为参保人员提供的，由医疗保险基金支付的诊疗项目，是基本医疗保险待遇清单的核心组成部分。国家确定基本医疗保险诊疗目录主要采取排除法。例如，镶牙、配眼镜等被排除在基本医疗保险支付范围之外。

（1）制定基本医疗保险诊疗目录的基本原则。一是统一目录。国家统一制定基本医疗保险诊疗项目清单，考虑不同地区经济状况、人口结构和医疗技术水平，留给地方一定的制定诊疗目录的调整空间。二是临床必需。主要是临床治疗疾病必需的项目和诊疗手段，特别要考虑社区医疗的全科、外科、精神科、康复科、儿科和老年科的需求。目前不包括罕见病、普通健康检查（专项检查除外）、辅助治疗手段（如音乐疗法）和非疾病治疗手段（如美容）等内容。三是科学合理。既要覆盖经过临床长期使用，广泛公认安全有效、相对成熟的诊疗项目，有条件时引入器官移植等，也要费用适宜，符合基本医疗保险在经济学上的要求，考虑基本医疗保险的支付能力。

（2）基本医疗保险诊疗项目范围。在疾病治疗过程中，除使用药品外，还需要一系列的技术劳务服务，涉及一系列的诊疗服务项目。

1999年6月，原国家劳动保障部、财政部、国家发展和改革委员会、国家中医药管理局、卫健委联合发布《关于印发城镇职工基本医疗保险诊疗项目管理、医疗服务设施范围和支付标准意见的通知》（劳社部发〔1999〕22号）。《通知》明确指出，国家基本医疗保险诊疗项目范围，采用排除法分别规定基本医疗保险不予支付费用的诊疗项目范围和基本医疗保险支付部分费用的诊疗项目范围；基本医疗保险不予支付费用的诊疗项目，主要是一些非临床诊疗必需、效果不确定的诊疗项目以及属于特需医疗服务的诊疗项目；基本医疗保险支付部分费用的诊疗项目，主要是一些临床诊疗必需、效果确定但容易滥用或费用昂贵的诊疗项目。

各统筹地区要严格执行基本医疗保险诊疗项目目录。对于本省基本医疗保险诊疗项目目录中所列的基本医疗保险支付部分费用的诊疗项目，各统筹地区要根据当地实际规定具体的个人自付比例，并可结合区域卫生规划、医院级别与专科特点、临床适应证、医疗技术人员资格等限定使用和制定相应的审批办法。未列入当地区域卫生规划和按国家有关质量管理规定技术检测不合格的大型医疗设备，不得纳入基本医疗保险支付范围。

全额统筹项目全部由统筹基金支付；部分统筹项目，个人需要负担一定比例的费用，如CT检查费用，个人自付10%—20%；统筹范围外项目的费用完全由个人自费。基本医疗保险基金不予支付费用的诊疗项目，首先是未列入区域规划的大型医疗设备；其次是一些非临床诊疗必需、效果不确定或属于特需医疗服务的诊疗项目。基本医疗保险基金支付部分费用的诊疗项目，主要是一些临床诊疗必需、效果确定，费用昂贵的诊疗项目，如高压氧治疗、血液透析、骨髓移植、抗肿瘤细胞免疫疗法等。

3.基本医疗服务设施

医疗服务设施是指由定点医疗机构提供的参保人员在接受诊断、治疗和护理过程中的生活服务设施。设施费用主要包括住院床位费及门诊、急诊留观床位费。基本医疗保险基金不予支付的生活服务项目和服务设施费用主要包括以下内容：

（1）就诊、转诊交通费、急救车费；

（2）空调费、电视费、电话费、婴儿保温箱费、食品保温费、电炉费、电冰箱费及损坏公物赔偿费；

（3）陪护费、护工费、洗理费、门诊煎药费；

（4）膳食费；

（5）文娱活动费用以及其他特需生活服务费用。

凡不纳入统筹金支付范围的项目由个人负担；纳入范围的项目按标准予以报销，如三级医院床位费80元/床日，超过此标准的床位费部分须由个人自付。实际床位费低于报销标准的，按实际发生费用纳入统筹。

4.门诊医疗费用支付

中国于1998年改革原劳保医疗和公费医疗制度，建立城镇职工基本医疗保险制度，采用与其他国家不同的医疗保障模式，即社会统筹和个人账户相结合的模式，简称为"统账结合"。社会统筹基金主要用于住院保障，个人账户基金用于门诊小病和药品的保障。个人账户制度在推动公费劳保医疗制度向社会医疗保险制度的转轨过程中发挥了积极作用。随着经济社会的发展和慢性病的增多，个人账户的局限性日益凸显。一方面，患病人群不够用，健康人群花不完，资金大量沉淀，未能充分体现医疗保险共济互助的作用；另一方面，因门诊保障不足，医保统筹基金不报销，导致应该在门诊治疗的小病去住院治疗、低标准住院等现象多发频发，浪费了医疗资源和医保基金。

为解决上述问题，2021年4月，《国务院办公厅关于建立健全职工基本医疗保险门诊共济保障机制的指导意见》（国办发〔2021〕14号）出台，推动门诊医疗费用保障由个人账户积累模式向互助共济模式转变。各地纷纷出台办法，落实国家个人账户改革政策，建立普通门诊统筹，启动实施门诊共济制度改革。

5.生育医疗费用和生育津贴

生育保险待遇包括生育医疗费用和生育津贴未参加生育保险的妇女发生的生育医疗费用。通过参加基本医疗保险予以解决。

（1）生育医疗费用。生育医疗费用和职工基本医疗保险费用按照国家规定合并实施。支付范围和待遇标准如下：产前检查费用；生育医疗费；列入职工医疗保险统筹基金结付范围的生育并发症病种，包括羊水栓塞、难治型产后大出血、妊娠期急性脂肪肝、弥漫性微血管内凝血重度妊娠高血压综合征、重度妊娠合并肝内胆汁淤积症、妊娠合并心力衰竭、妊娠合并脑血管意外、妊娠合并重度血小板减少、重症产科感染、产科多器官功能衰竭。

（2）生育津贴。生育津贴按照计发基数乘以职工产假天数计发。计发基数按职工生育时所在用人单位前12个月生育保险月人均缴费基数除以30计算。计发天数为顺产的，128天；难产、剖宫产的，增加15天；生育多胞胎的，每多生育1个婴儿，增加15天。

（3）一次性营养补助。按本市上年城镇非私营单位在岗职工平均工资的2%计发。

（四）分担比例

建立医疗费用资金筹集和支出的分担机制，是社会医疗保险的基本特征。中国基本医疗保险参保患者的个人付费责任如下：

（1）自费责任。在基本医疗保险确定的支付目录之外，在定点医药机构之外发生的医药费用由个人自费支付。

（2）自负责任。在现行基本医疗保险政策规定的起付线以下、封顶线以上、统筹基金分担比例以外，发生的医疗费用由个人自己负担。目前依据统筹地区政策，执行个人自负责任。在国家统一待遇清单制度之后，全国各地的相关政策基本一致，可以避免医疗保险患者漫游就医的问题。

（五）免责范围

免责是指医保支付责任的免除。《中华人民共和国社会保险法》第三十条规定，下列医疗费用不纳入基本医疗保险基金支付范围：

（1）应当从工伤保险基金中支付的；

（2）应当由第三人负担的；

（3）应当由公共卫生负担的；

（4）在境外就医的。

医疗费用依法应当由第三人负担，第三人不支付或者无法确定第三人的，由基本医疗保险基金先行支付。基本医疗保险基金先行支付后，有权向第三人追偿。

遇到对经济社会发展有重大影响时，基本医疗保险基金不予支付范围，经法定程序可做临时调整。

二、完善待遇清单和调整机制

中国基本医疗保险制度运行平稳，满足了广大群众的基本医疗需求，但是，也存在过度保障和保障不足的问题。低标准收住院、小病大治、用高档药品等过度医疗问题时常发生，同时存在报销比例低、一些待遇无法享受等现象。

为实施医疗保障公平适度原则，纠正过度保障和保障不足的问题，需要建立健全医疗保障待遇清单制度，各地区要确保政令畅通。基本医疗保险基金支付范围由国务院医疗保障行政部门组织制定。省、自治区、直辖市人民政府按照国家有关规定，补充制定本行政区域基本医疗保险基金支付的具体项目和标准，并报国务院医疗保障行政部门备案。国务院医疗保障行政部门负责组织制定国家基本医疗保险药品、医用耗材、医疗服务项目、医疗服务设施等目录和支付标准，实行动态调整。

2021年8月10日,国家医疗保障局、财政部发布《关于建立医疗保障待遇清单制度的意见》(医保发〔2021〕5号)。《意见》明确指出,医疗保障待遇清单包含基本制度、基本政策,以及医保基金支付的项目和标准、不予支付的范围。

(一)基本制度

依据《社会保险法》及《社会救助暂行办法》等国家法律法规和党中央、国务院决策部署要求设立的,保障群众基本医疗需求的制度安排,包括基本医疗保险、补充医疗保险和医疗救助;各地在基本制度框架之外不得新设制度,地方现有的其他形式制度安排要逐步清理过渡到基本制度框架中;基本医疗保险覆盖城乡全体就业和非就业人口,公平普惠保障人民群众基本医疗需求;补充医疗保险保障参保群众基本医疗保险之外个人负担的符合社会保险相关规定的医疗费用;医疗救助帮助困难群众获得基本医疗保险服务并减轻其医疗费用负担。

(二)基本政策

主要包括参保政策、筹资政策、待遇支付政策等。参保政策主要包括参保人群范围、资助参保政策等;筹资政策主要包括筹资渠道、缴费基数、基准费率(标准)等;待遇支付政策包括基本医疗保险、纳入清单管理的补充医疗保险和医疗救助待遇支付政策;其中,基本医疗保险待遇支付政策分为住院、普通门诊、门诊慢特病支付政策,主要包括政策范围内医疗费用的起付标准、支付比例和最高支付限额等基准待遇标准。

国家在基本医疗保障制度基础上,统一制定特殊人群保障政策;地方不得根据职业、年龄、身份等自行出台特殊待遇政策。

(三)基金支付范围

包括以准入法和排除法确定的药品医用耗材目录和医疗服务项目支付范围;国家统一制定国家基本医疗保险药品目录,各地严格按照国家基本医疗保险药品目录执行,除国家有明确规定外,不得自行制定目录或用变通的方法增加目录内药品；国家建立完善医用耗材、医疗服务项目医保准入、管理政策，明确确定医用耗材医保支付范围的程序、规则等；地方按照国家规定政策执行。

（四）基金不予支付的范围

国家法律法规和党中央、国务院规定基本医疗保险和补充医疗保险不予支付的，或已有其他保障制度、经费渠道安排解决的医疗服务和项目。

第五章 医疗保险目录管理

1998年，国务院颁布的《关于建立城镇职工基本医疗保险制度的决定》（国发〔1998〕44号）明确指出，"制定国家基本医疗保险药品目录、诊疗项目、诊疗服务设施标准及相应的管理办法"。

第一节 医疗保险"三个目录"

一、药品目录

《药品目录》，即国家基本医疗保险、工伤保险和生育保险药品目录，是医疗、工伤、生育等社会保险的基本政策标准和重要保障措施。

医保制度建立之初，《国务院关于建立城镇职工基本医疗保险制度的决定》（国发〔1998〕44号）就提出要"制定国家基本医疗保险药品目录"。

1999年，原劳动保障部等七部委制定了《城镇职工基本医疗保险用药范围管理暂行办法》（劳社部发〔1999〕15号），对医保药品目录的纳入条件、评审机制、调整机制和工作程序等做出了明确规定。2011年实施的《中华人民共和国社会保险法》第二十八条规定，"符合基本医疗保险药品目录、诊疗项目、医疗服务设施以及急诊、抢救的医疗费用，按照国家规定从基本医疗保险基金中支付"，进一步明确了医保药品目录在基本医疗保障中的法律地位。

基本医疗保险制度建立以来，原劳动保障部、人力资源社会保障部先后于2000年、2004年、2009年、2017年调整发布了四版药品目录，目录品种逐步扩大、用药水平逐步提升，在保障参保人员的用药需求、规范医疗服务行为、控制药品费用不合理增长等方面发挥了重要作用。

国家医疗保障局成立后，于2019年8月、2020年12月、2021年12月、2023年1月先后调整发布了四版药品目录。其中，2023年1月发布的《药品目录（2022年版）》收载西药和中成药共2967种，包括西药1586种，中成药1381种。另外，还有基金可以支付的中药饮片892种。

二、医疗保险诊疗项目目录

基本医疗保险诊疗项目是指符合以下条件的各种医疗技术劳务项目和采用医疗仪器、设备与医用材料进行的诊断、治疗项目：

第一，临床诊疗必需、安全有效、费用适宜的诊疗项目；

第二，由价格主管部门制定了收费标准的诊疗项目；

第三，由定点医疗机构为参保人员提供的定点医疗服务范围内的诊疗项目。

2000年6月，国家劳动保障部发布了《关于印发城镇职工基本医疗保险诊疗项目管理、医疗服务设施范围和支付标准意见的通知》（劳社部发〔1999〕22号），对诊疗项目进行了规定。

（1）基本医疗保险诊疗项目通过制定基本医疗保险诊疗项目范围和目录进行管理。制定基本医疗保险诊疗项目范围和目录既要考虑临床诊断、治疗的基本需要，也要兼顾不同地区经济状况和医疗技术水平的差异，做到科学合理，方便管理。

（2）诊疗项目范围采用排除法分别规定基本医疗保险不予支付费用的诊疗项目范围和基本医疗保险支付部分费用的诊疗项目范围。

基本医疗保险不予支付费用的诊疗项目，主要是一些非临床诊疗必需、效果不确定的诊疗项目以及属于特需医疗服务的诊疗项目。

基本医疗保险支付部分费用的诊疗项目，主要是一些临床诊疗必需、效果确定但容易滥用或费用昂贵的诊疗项目。

（3）各省（自治区、直辖市）根据国家基本医疗保险诊疗项目范围的规定，组织制定本省的基本医疗保险诊疗项目目录。

可以采用排除法，分别列基本医疗保险不予支付费用的诊疗项目目录和基本医疗保险支付部分费用的诊疗项目目录。也可以采用准入法，分别列基本医疗保险准予支付费用的诊疗项目目录和基本医疗保险支付部分费用的诊疗项目目录。

对于国家基本医疗保险诊疗项目范围规定的基本医疗保险不予支付费用的诊疗项目，各省可适当增补，但不得删减。

对于国家基本医疗保险诊疗项目范围规定的基本医疗保险支付部分费用的诊疗项目，各省可根据实际适当调整，但必须严格控制调整的范围和幅度。

（4）各统筹地区要严格执行本省的基本医疗保险诊疗项目目录。对于本省基本医疗保险诊疗项目目录中所列的基本医疗保险支付部分费用的诊疗项目，各统筹地区要根据当地实际规定具体的个人自付比例，并可结合区域卫生规划、医院级别与专科特点、临床适应证、医疗技术人员资格等限定使用和制定相应的审批办法。未列入当地区域卫生规划和按国家有关质量管理规定技术检测不合格的大型医疗设备，不得纳入基本医疗保险支付范围。

（5）参保人员发生的诊疗项目费用，属于基本医疗保险不予支付费用诊疗项目目录以内的，基本医疗保险基金不予支付。属于基本医疗保险支付部分费用诊疗项目目录以内的，先由参保人员按规定比例自付后，再按基本医疗保险的规定支付。属于按排除法制定的基本医疗保险不予支付费用和支付部分费用诊疗项目目录以外的，或属于按准入法制定的基本医疗保险准予支付费用诊疗项目目录以内的，按基本医疗保险的规定支付。

（6）国家基本医疗保险诊疗项目范围要根据基本医疗保险基金的支付能力和医学技术的发展进行适时调整。各省的基本医疗保险诊疗项目目录要在国家基本医疗保险诊疗项目范围调整的基础上作相应调整。

（7）社区卫生服务中的基本医疗服务项目纳入基本医疗保险范围。

三、医疗服务设施范围和支付标准

基本医疗保险医疗服务设施是指由定点医疗机构提供的、参保人员在接受诊断、治疗和护理过程中必需的生活服务设施。

根据《国务院关于建立城镇职工基本医疗保险制度的决定》（国发〔1998〕44号），原国家劳动保障部2000年6月发布的《关于印发城镇职工基本医疗保险诊疗项目管理、医疗服务设施范围和支付标准意见的通知》（劳社部发〔1999〕22号），对医疗服务设施范围等进行了规定。具体内容如下：

（一）基本医疗保险医疗服务设施费用主要包括住院床位费及门（急）诊留观床位费。对已包含在住院床位费或门（急）诊留观床位费中的日常生活用品、院内运输用品和水、电等费用，基本医疗保险基金不另行支付，定点医疗机构也不得再向参保人员单独收费。

（二）基本医疗保险基金不予支付的生活服务项目和服务设施费用，主要包括：

（1）就（转）诊交通费、急救车费；

（2）空调费、电视费、电话费、婴儿保温箱费、食品保温箱费、电炉费、电冰箱费及损坏公物赔偿费；

（3）陪护费、护工费、洗理费、门诊煎药费；

（4）膳食费；

（5）文娱活动费以及其他特需生活服务费用。

其他医疗服务设施项目是否纳入基本医疗保险基金支付范围，由各省（自治区、直辖市，下同）价格主管部门规定。

（三）基本医疗保险住院床位费支付标准，由各统筹地区按照规定的普通住院病房床位费标准确定。需隔离以及危重病人的住院床位费支付标准，由各统筹地区根据实际情况确定。

基本医疗保险门（急）诊留观床位费支付标准按本省价格部门规定的收费标准确定，但不得超过基本医疗保险住院床位费支付标准。

（四）定点医疗机构要公开床位收费标准和基本医疗保险床位费支付标准，在安排病房或门（急）诊留观床位时，应将所安排的床位收费标准告知参保人员或家属。参保人员可以根据定点医疗机构的建议，自主选择不同档次的病房或门（急）诊留观床位。由于床位紧张或其他原因，定点医疗机构必须把参保人员安排在超标准病房时，应首先征得参保人员或家属的同意。

（五）参保人员的实际床位费低于基本医疗保险住院床位费支付标准的，以实际床位费按基本医疗保险的规定支付；高于基本医疗保险住院床位费支付标准的，在支付标准以内的费用，按基本医疗保险的规定支付，超出部分由参保人员自付。

（六）各统筹地区要根据基本医疗保险医疗服务设施项目，确定基本医疗保险基金的支付标准。统筹地区社会保险经办机构要加强对医疗服务设施费用的审核工作，严格按照基本医疗保险医疗服务设施项目范围和支付标准支付费用。

第二节　药品集中采购

药品集中采购是指医疗机构通过药品集中采购平台，以招投标的形式购进所需药品的采购方式。药品集中采购的目的是保证城镇职工基本医疗保险制度的顺利实施，从源头上治理医药购销中的不正之风，规范医疗机构药品购销工作，减轻社会医药费用负担。

一、遵循的原则

药品集中采购范围一般为基本医疗服务的临床使用药品。常规使用及用量较大的药品必须实行药品集中采购。

药品集中采购应遵循的原则是，安全第一、质量优先、兼顾价格、理顺渠道、分步实施、逐步推开，既要符合医药管理的法律法规，又要符合实际，达到规范药品购销行为，服务广大群众的目的。

二、发展历史

2019年4月，国家组织药品集中采购和使用试点正式启动。

2019年12月，全国开始执行集中采购，改革效应惠及全国患者。

2020年8月，采购规模达数百亿元的第三批国家组织药品集中采购产生拟中选结果。该次采购共有189家企业参加，产生拟中选企业125家，拟中选产品191个，拟中选产品平均降价53%，最高降幅95%。

2021年2月3日，第四批国家组织药品集中采购在上海开标，并产生拟中选结果。此次采购产生拟中选企业118家，拟中选产品158个，拟中选产品平均降价52%。第四批国家药品集中采购共纳入45种药品，涉及高血压、糖尿病、消化道疾病、精神类疾病、恶性肿瘤等多种治疗领域，群众受益面进一步拓宽。此次集中采购共有152家企业参加，产生拟中选企业118家，企业拟中选比例提高至71%，包括5家外资企业的5个产品，涉及德国、法国、印度和日本跨国药企。在拟中选产品中，上市公司、外资企业、百强企业等企业的产品占62%。

2021年6月23日，第五批国家组织药品集中采购产生拟中选结果。此次集中采购共148家企业的251个产品获得拟中选资格，投标产品中选比例为71%，在第五批国家组织药品集中采购中，有10家外资医药企业的11个产品拟中选，涉及法国赛诺菲、美国通用、德国费森尤斯、以色列梯瓦等，外资企业中选数较前四批有明显提升。

2021年6月28日，第五批国家组织药品集中采购中选结果正式公布，61种药品采购成功。这些集中采购降价的药品既有高血压、冠心病、糖尿病等常见病、慢性病用药，也有肺癌、乳腺癌、结直肠癌等重大疾病用药。在第五批国家组织药品集中采购中，注射剂品种占集中采购品种总数的一半，涉及金额约占此次集中采购总金额的70%。

2022年6月20日，第七批国家集中采购正式启动。与此前第七批国家集中采购信息填报时披露的58个品种、208个品规不同，最新采购文件显示，此次集中采购涉及61个品种147个规格。

2022年7月12日，第七批国家组织药品集中采购在南京开标。本次采购共纳入61种药品，拟中选药品平均降价48%，按约定采购量测算，预计每年可节省费用185亿元。涉及包括高血压、糖尿病、抗感染、消化道疾病等常见病、慢性病用药，以及肺癌、肝癌、肾癌、肠癌等重大疾病用药。

三、药品集中采购探索

随着医药行业中不正之风的整治,从20世纪90年代开始,部分地区就开始了药品集中采购的探索,开始探寻药品采购的新模式,努力解决药品定价高、群众看病贵等相关问题。

为整治医药行业乱象,维护市场秩序,国家出台了多项政策,大力纠正医药行业的不良之风。

1994年9月,国务院下发《关于进一步加强药品管理工作的紧急通知》,取缔了一批非法的药品集贸市场,查处了一批非法的药品生产、经营单位和个体工商户,打击了制售假劣药品的违法犯罪活动。

1996年4月,国务院发布《关于继续整顿和规范药品生产经营秩序加强药品管理工作的通知》,要求各级人民政府和有关部门要充分认识加强药品管理工作的重要性,把加强药品管理,保证药品质量,保障人民群众用药安全、有效、方便、及时,当作一件大事。《通知》要求,要严肃查处药品购销活动中的回扣问题,切实治理药品价格混乱状况,制止回扣歪风,要切实加强对药品价格的管理和监督,深化药品价格改革。

(一)药品集中采购试点

2000年至2004年,国务院及有关部门就规范药品购销行为颁布了一系列文件,如国务院办公厅于2000年2月发布《关于城镇医药卫生体制改革的指导意见》,首次提出探索药品集中采购试点工作,规范相关医疗机构的购药行为。2000年7月,卫健委联合国家计委、国家经贸委、药品监管局、中医药局发布《医疗机构药品集中招投标采购试点工作若干规定》,要求做好试点地区的招标、投标、开标、评标、中标以及中标药品配送等一系列工作,国家卫生部印发了《医疗机构药品集中招标采购工作规范(试行)》《医疗机构药品集中招标采购和集中议价采购文件范本(试行)》等文件,规定医疗机构药品集中招标采购当事人是医疗机构药品集中招标采购活动中享有权利并承担义务的各类主体,包括招标人、投标人和药品招标代理机构。

2001年1月,国家计委发布《关于集中招标采购药品价格政策有关问题的通知》，规定集中招标采购药品降价后产生的价差在患者和医疗机构之间的分配比例。2004年9月，国家卫生部印发了《关于进一步规范医疗机构药品集中招标采购的若干规定》，要求医疗机构药品集中招标采购以省或市（地）为组织单位，县（市、区）或单一医疗机构不得单独组织招标采购活动。2004年9月，国家发展改革委发布《集中招标采购药品价格及收费管理暂行规定》，规定价格高的药种顺加低差率，价格低的药种顺加高差率，其目的是抑制医疗机构采购、使用高价药的行为，保护廉价药、普通药。

（二）药品集中采购逐步规范

各地区在陆续开始建设集中采购省级平台基础上，同时开始探索集中采购的新模式。2005年12月，以政府为主导、以省为单位积极开展工作的药品集中采购逐步形成。

2009年，卫健委等有关部门印发了《关于进一步规范医疗机构药品集中采购工作的意见》，明确规定医疗机构药品集中招标采购应当坚持质量优先、价格合理的原则，任何地区或者部门不得限制、排斥本行政区外的投标人参与投标，同时积极利用现代信息网络技术，在政府有关部门的监督管理下建立和完善医药商品电子商务系统，减少中间环节，提高工作效率，降低交易成本。

2010年出台的《医疗机构药品集中采购工作规范》进一步明确集中采购应以政府为主导、省级为单位形成统一要求，同时药品集中采购工作管理机构要设在卫生行政部门，要明确承办日常事务的处室。2010年11月，国务院办公厅下发《建立和规范政府办基层医疗卫生机构基本药物采购机制的指导意见》，指出对实施基本药物制度的政府办基层医疗卫生机构使用的基本药物（包括各省区市增补品种）实行以省（区、市）为单位集中采购、统一配送，发挥集中批量采购优势，最大限度地降低采购成本，促进了基本药物生产和供应。2014年，为解决部分临床常用药品供应不足甚至断货、影响患者临床用药的问题，国家卫生健康委员会等8部门联合印发了《关于做好常用低价药品供应保障工作的意见》，指出完善采购办法对纳入低价药品清单的药品实行以省（区、市）为单位的集中采购。省级药品集中采购机构将具备相应资质条件的生产企业直接挂网,由医疗机构网上采购交易。对纳入国家定点生产的药品加强政策引导,提高配送集中度。

2015年5月,国家发展改革委、国家卫生委、人力资源社会保障部、工业和信息化部、财政部、商务部、食品药品监管总局联合下发《关于印发推进药品价格改革意见的通知》(发改价格〔2015〕904号),要求逐步建立以市场为主导的药品价格形成机制,最大限度地减少政府对药品价格的直接干预;凡医保基金支付的药品,由医保部门会同有关部门拟定医保药品支付标准制定的程序、依据、方法等规则,探索建立引导药品价格合理形成的机制;专利药品、独家生产药品,建立公开透明、多方参与的谈判机制形成价格;医保目录外的血液制品、国家统一采购的预防免疫药品、国家免费艾滋病抗病毒治疗药品和避孕药具,通过招标采购或谈判形成价格;麻醉药品和第一类精神药品,仍暂时实行最高出厂价格和最高零售价格管理;其他药品,由生产经营者依据生产经营成本和市场供求情况,自主制定价格。同时强调,要完善药品采购机制,强化医保控费作用,医保部门要会同有关部门,在调查药品实际市场交易价格的基础上,综合考虑医保基金和患者承受能力等因素制定医保药品支付标准。

(三)药品集中采购稳步推进

2018年11月14日,中央全面深化改革委员会。第五次会议审议通过《国家组织药品集中采购和使用试点方案》,明确了国家组织集中带量采购的总体思路,选择北京、天津、上海、重庆、沈阳、大连、厦门、广州、深圳、成都、西安11个试点城市,从通过质量和疗效一致性评价的仿制药对应的通用名药品中遴选试点品种,国家组织药品集中采购和使用试点,实现药价明显降低,减轻患者药费负担,净化流通环境,改善行业生态,引导医疗机构规范用药,支持公立医院改革并探索完善药品集中采购机制和以市场为主导的药品价格形成机制。

药品集中采购制度经历了从分散到集中,从地市集中到政府主导、依托省级平台,再到采购模式、监管制度、监管体制都相对成熟的阶段。

四、"4+7"带量采购政策实行

2019年1月,国务院发布《关于印发国家组织药品集中采购和使用试点方案的通知》(国办发〔2019〕2号),要求北京、天津等11个试点城市,按照《试点方案》要求,结合实际制定实施方案和配套政策,标志着中国4个直辖市(北京、天津、上海、重庆)和7个副省级城市(沈阳、大连、厦门、广州、深圳、成都和西安)开始共同试点实行"4+7"带量采购政策。

2月28日,国家医疗保障局发布《关于国家组织药品集中采购和使用试点医保配套措施的意见》,正式实行第一批国家组织"4+7"带量采购。

9月30日,国家医疗保障局等9部门颁布《关于国家组织药品集中采购和使用试点扩大区域范围实施意见》,在全国25个省(市、自治区)推广实行带量采购,扩大了"4+7"带量采购模式的影响范围,并对"4+7"政策进行了改进并做出更详细的规定,形成"三医联动"政策合力。一是探索试点城市医保支付标准与采购价的协同,原则上对同一通用名下的原研药和通过一致性评价的仿制药采用相同医保支付标准;二是"腾笼换鸟",推动公立医疗机构改革,允许公立医院使用中选药品形成的结余,用于医务人员薪酬支出;三是鼓励医院使用质优价廉的中选药品,加强对医院和医务人员的绩效考核和宣传培训,促进科学合理用药,保障患者用药安全。

五、药品集中带量采购工作常态化制度化开展

2021年1月,国务院办公厅《关于推动药品集中带量采购工作常态化制度化开展的意见》(国办发〔2021〕号),《意见》指出,要坚持以人民为中心的发展思想,完善以市场为主导的药品价格形成机制,发挥医保基金战略性购买作用,推动药品集中带量采购工作常态化制度化开展,更好保障人民群众病有所医。《意见》从五个方面提出了推动药品集中带量采购工作常态化制度化开展的具体举措。

（一）明确覆盖范围

重点将基本医保药品目录内用量大、采购金额高的药品纳入采购范围，逐步覆盖各类药品。已取得集中带量采购范围内药品注册证书的上市许可持有人，在质量标准、生产能力、供应稳定性等方面达到集中带量采购要求的，原则上均可参加。所有公立医疗机构均应参加药品集中带量采购。

（二）完善采购规则

合理确定采购量，完善竞争规则，优化中选规则。严格遵守协议，各方应严格遵守法律法规和协议约定，落实中选结果。采购协议期满后，坚持招采合一、量价挂钩，依法依规确定供应企业、约定采购量和采购协议期。

（三）强化保障措施

加强质量保障，严格药品质量入围标准，强化中选企业保证产品质量的主体责任。落实地方政府属地监管责任，将中选药品列入重点监管品种，加强生产、流通、使用的全链条质量监管。做好供应配送，中选药品由中选企业自主委托配送企业配送或自行配送，配送费用由中选企业承担。确保优先使用，医疗机构应根据临床用药需求优先使用中选药品。

（四）完善配套政策

改进结算方式，医疗机构应承担采购结算主体责任，按采购合同与企业及时结清药款。在医保基金总额预算基础上，建立药品集中带量采购预付机制，探索推进医保基金与医药企业直接结算。做好中选价格与医保支付标准协同，以中选价格为基准确定医保支付标准。完善对医疗机构的激励机制，对因集中带量采购节约的医保资金，按照相关规定给予医疗机构结余留用激励。

（五）健全运行机制

完善药品集中采购平台功能，加强药品集中采购平台规范化建设，统一基本操作规则、工作流程和药品挂网撤网标准，实现省际药品集中采购信息互联互通，加快形成全国统一开放的药品集中采购市场。健全联盟采购机制，推进构建区域性、全国性联盟采购机制。

《意见》强调，国家医保局、国家卫生健康委、国家药监局、工业和信息化部要完善药品集中带量采购工作机制，相互协调、密切配合。地方人民政府要深入落实各项政策措施，积极开展探索创新，确保药品集中带量采购工作有序推进。

六、药品采购费用结算

2020年6月，《关于深化医疗保障制度改革的意见》指出："要推进医保基金与医药企业直接结算，完善医保支付标准与集中采购价格协同机制。"开展药品集中带量采购，推进医保基金与医药企业的直接结算是深化医药体制改革的重要举措之一，通过直接支付，提高药品货款的支付效率，缩减药品流通的环节。医保经办机构与医药企业的直接结算将成为中国药品集中采购过程中的主要结算方式。

2021年1月，国务院办公厅印发《关于推动药品集中带量采购工作常态化制度化开展的意见》（国办发〔2021〕2号），要求"改进结算方式"，医疗机构应承担采购结算主体责任，按采购合同与企业及时结清药款，结清时间不得超过交货验收合格后次月底。在医保基金总额预算基础上，建立药品集中带量采购预付机制，医保基金按不低于年度约定采购金额的30%专项预付给医疗机构，之后按照医疗机构采购进度，从医疗机构申请拨付的医疗费用中逐步冲抵预付金。在落实医疗机构采购结算主体责任的前提下，探索通过在省级药品集中采购机构设立药品电子结算中心等方式，推进医保基金与医药企业直接结算。医保经办机构对医疗机构申请结算的医疗费用要及时审核，并足额支付合理医疗费用。

2021年9月，国务院办公厅印发的《"十四五"全民医疗保障规划》（国办发〔2021〕36号）明确指出："推进并规范医保基金与医药企业直接结算，完善医保支付标准是集中采购价格协同机制。"医保基金直接结算将有助于：

提升药品货款支付效率，有效解决医保、医院、供应商之间的"三角债"问题，从源头上解决企业的回款问题；通过医保经办机构与医药企业直接结算，在医用耗材的采购环节中剔除经销商，可以进一步压缩药品流通环节，推动医保部门"以量换价"的力度，最大幅度地降低医用耗材的虚高价格。

七、推进药品耗材集中带量采购

2023年3月，国家医疗保障局颁布《关于做好2023年医药集中采购和价格管理工作的通知》（医保办函〔2023〕13号），大力推进药品耗材集中带量采购。

（一）持续扩大药品集中采购覆盖面

开展第八批国家组织药品集中采购并落地实施，适时推进新批次药品集中采购。规范国家组织集中采购药品协议期满接续工作，指导上海、江苏、河南、广东牵头开展联盟接续采购，鼓励同一品种由多家企业中选，促进价差公允合理，并统一采购周期；上一轮集中采购中选价格偏高的品种要持续挤压价格水分，市场情况发生变化后上一轮集中采购中选价格偏低的品种，经充分竞争后形成新的中选价格。

省级药品集中采购重点针对未纳入国家集采的品种和未过评品种，从"填空"和"补缺"两个维度扩大集中采购覆盖范围，积极探索尚未纳入国家和省级集采的"空白"品种集中采购，鼓励对已有省份集采、新价格竞争充分的品种开展带量价格联动。

到2023年底，每个省份的国家和省级集采药品数累计达到450种，其中省级集采药品应达到130种，化学药、中成药、生物药均应有所覆盖。

（二）推进医用耗材集中带量采购

按照"一品一策"的原则开展新批次国家组织高值医用耗材集采。做好脊柱类耗材集采中选结果落地执行，参照人工关节置换手术价格专项调整的做法，优先调整与脊柱类耗材集采相关的手术价格。适时启动人工关节集采全国统一接续，聚焦心内科、骨科重点产品，指导更多省份推进吻合器、超声刀等普外科耗材集采，继续探索体外诊断试剂集采，各省份至少开展1批省级耗材集采。重点指导陕西牵头开展硬脑（脊）膜补片、疝修补耗材省际联盟采购，河南牵头开展神经外科等耗材省际联盟采购，安徽牵头开展体外诊断试剂省际联盟采购。

八、提高集采精细化管理水平

（一）创新完善集采规则

着眼全国统一大市场建设，坚持公平公正、公开透明，防止地方保护、区分内外资、关联性较小因素加分等影响公平竞争的做法。坚持带量基本原则，综合考虑市场竞争格局、企业生产供应、信用和履约情况、产品质量或临床认可度等因素完善采购规则，倡导多家中选。畅通对围标、串标行为的举报渠道，加大惩戒力度。对不同等级失信行为精准运用医药价格和招采信用评价结果，防范通过批件转让等方式规避失信惩戒责任。

（二）着力提高报量准确性

运用历史采购量复核医疗机构报量，提高报量与临床实际使用的匹配度，对"用而不报"、刻意少报或接续采购报量明显低于上一轮集采的，在报量阶段即要求整改或做出说明。集采结余留用资金严格与报量挂钩，在执行到位的前提下，做到多报量多留用、少报量少留用、不报量不留用。

（三）强化落实优先使用中选产品

各省份要加强对医疗机构采购情况监测分析，通过通报、约谈提醒等手段抓好督促整改，要将监测、通报和约谈提醒具体到医疗机构，并通过医疗机构传导至医务人员。国家医保局将定期通报各省份中选产品采购情况，对执行情况好、监管力度大的先进典型予以表扬，对执行不力的加强督导。优化完善结余留用政策，实施DRG/DIP付费的统筹地区，对药品耗材集采降低的费用，在确保患者享受实惠的前提下，体现医院和医保共享，提高基金使用效率。

（四）加强中选产品供应保障

建立医疗机构、生产配送企业、医药集中采购机构间集采品种供应保障的有效反馈机制，提升应对供应配送问题的灵敏度，及时采取加大供应调配、替补供应等措施，对不能按要求供应的企业，依情节给予相应等级信用评价。发挥好带量采购对于稳预期的作用，探索提升短缺和易短缺等药品保供稳价水平。

九、加强药品价格综合治理

（一）探索完善新批准药品首发价格形成机制

落实《新冠治疗药品价格形成指引（试行）》，北京、天津、河北、上海、江苏、四川等6省（市）要做好首发价格受理、定期评估、动态调整等工作。探索稳慎有序扩大新批准上市药品进入医药采购市场的首发价格形成机制覆盖范围，充分鼓励创新发展，引导企业公开合理定价，完善全周期价格管理监督。

（二）丰富用好医药价格治理制度工具

实施全国医药价格监测工程，对重点医疗服务价格项目、医院药品耗材采购价格等开展常态化监测。探索建立医药价格信息监测和发布制度。配合做好短缺药品保供稳价，强化短缺药品价格和配送信息监测与应对处置。编制医药价格指数，拓展指数运用场景和支撑决策功能。做好医药价格招采信用评价，进一步推动信用评价向生产企业穿透。配合有关部门查办重点案件，落实相应处置措施。针对涨价过快的品种和医疗服务价格项目，探索要素成本测量。

（三）加强挂网药品价格管理

按要求做好新版目录谈判药品和竞价药品的挂网工作，并加强日常监测和动态管理。规范药品挂网撤网工作，撤网信息在集采平台系统内部发布，撤网药品的原价格信息保留3年并供国家和各省查询。各省份要坚持守土有责，严防变更药品上市许可持有人或改换规格包装等"改头换面"进价行为。国家医保局将对重点品种溯源"首涨省份"，并指导有关省份完善制度。推进全国挂网价格信息共享，推动挂网药品价格省间查询，各省要对价格异常上涨、价格总体偏高或明显高于全国低价的情形，及时开展函询约谈提醒，纠治不当价格行为。

第三节　医疗服务价格管理

一、医疗服务价格管理的历程

医疗服务价格管理是医疗行业中非常重要的一环，其直接关系到人民的生命健康和财产安全。

（一）计划经济时期的补偿性管理

新中国成立初期，实行高度集中的计划经济体制，医疗机构属于公有或集体所有，医疗服务价格实行补偿性管理。

1951年4月，卫健委颁布《关于健全和发展全国卫生基层组织的决定》，对公立医院实行的是"统收统支"的财政政策，即收入全部上缴财政，支出编制年度预算，经核准后拨款，实行专项专用。

1953年，实行"以收抵支，差额补助"，1954年调整为以床位计算补助的"全额管理，定额补助"。

1960年2月，卫健委、财政部联合下发《关于医院工作人员的工资全部由国家预算开支的联合通知》，国家对医院的差额补助改为包工资，国家对医院的补助逐步增加，同时降低收费标准，充分体现医院是人民卫生福利事业的性质。

1979年4月，国家卫健委联合有关部委发布《关于加强医院经济管理试点工作的意见》，提出"全额管理、定额补助、结余留用"，按编制床位实行定额补助。

（二）市场经济时期的医院自主管理

医疗服务价格的补偿性管理办法，加重了财政支出负担，随着计划经济向市场经济的转轨，"平均主义"和"大锅饭"的分配方式逐步打破，医疗服务价格逐步放开。

从1985年1月起，对使用卫健委经费购置的大型医疗、检验设备试行有偿占用的管理办法。1988年，卫健委和财政部下发《医院财务管理办法》和《医院会计制度》开始医疗收费价格改革，实行"老项目老价格""新项目新价格"2种价格收费机制，即手术费、护理费、挂号费等医疗服务项目价格保持不变或调价幅度很小，对新药品、新的大型设备、新技术等则制定新价格，保证盈利水平高，以此弥补医疗服务价格亏损。这种不合理的医疗服务价格政策一定程度上导致了"高价处方""高额药品""多开检查多提成"等现象频发，并逐渐演变为"看病贵、看病难"问题，公立医院的公益性逐步缺失。

1997年，中共中央国务院发布《关于卫生改革与发展的决定》（中发〔1997〕3号），提出完善政府对卫生服务价格的管理。

（三）新时期医疗服务价格的创新优化管理

随着取消药品和医用耗材加成、药品集中带量采购工作的开展，稳妥有序地调整了多轮医疗服务价格。

2021年8月，国家医保局会同国家卫生健康委、国家发展改革委、财政部、人力资源社会保障部、市场监管总局、国家中医药局、国家药监局下发《深化医疗服务价格改革试点方案》，旨在通过3至5年的试点，探索形成可复制可推广的医疗服务价格改革经验。到2025年，深化医疗服务价格改革试点经验向全国推广，分类管理、医院参与、科学确定、动态调整的医疗服务价格机制成熟定型，价格杠杆功能得到充分发挥。

二、加强医疗服务价格管理

为进一步贯彻落实中共中央、国务院关于医疗服务价格工作的决策部署，促进医疗服务创新发展，保障群众获得高质量、有效率的医疗卫生服务，2022年7月，国家医疗保障局发布《关于进一步做好医疗服务价格管理工作的通知》（医保办发〔2022〕16号），积极稳妥有序推进医疗服务价格管理，具体内容如下。

（一）强化宏观管理和动态调整

坚持稳中求进、稳妥有序的工作基调，建立医疗服务价格动态调整机制并实质性运行，使医疗服务价格调整的时机、节奏、规模与经济社会总体形势、政策取向、医保基金收支等基本面相适应。

（二）扎实做好日常管理工作

对价格项目的具体执行切实担负起管理职责，做好内涵边界、适用范围等政策解释，及时回应临床关切。落实医疗服务价格重要事项报告制度，提高报告质量，确保上下联动、横向协同。

（三）突出体现对技术劳务价值的支持力度

充分听取医疗机构和医务人员的专业性意见建议，优先从治疗类、手术类和中医类中遴选价格长期未调整、技术劳务价值为主的价格项目纳入价格调整范围。对技术难度大、风险程度高、确有必要开展的医疗服务项目，可适当体现价格差异。

（四）支持技术创新

切实加强创新质量把关，支持医疗技术创新发展。对优化重大疾病诊疗方案或填补诊疗空白的重大创新项目，开辟绿色通道。对以新设备新耗材成本为主、价格预期较高的价格项目，做好创新性、经济性评价。

（五）正确处理医疗服务价格和医药集中采购的关系

明确医疗服务价格和药品耗材集中采购各自的功能定位，价格调整触发机制与药品耗材集中采购不直接挂钩，调整总量不直接平移置换。对医用耗材和医疗服务深度关联的项目，要准确分析集中采购产生的具体影响，分类施策、科学协同。

（六）提高医疗服务价格工作的主动性、科学性、规范性

坚持系统集成、协同高效的理念，整体谋划医疗服务价格改革和管理工作，主动适应医疗保障和医疗服务协同高质量发展需要，统筹衔接分级诊疗、医疗控费、医保支付、薪酬制度、医院运营等改革，引导公立医疗机构践行落实公益性，形成综合效应。指导深化医疗服务价格改革试点城市探索可复制可推广的改革经验。建立健全医疗服务价格管理的技术支撑体系，精心设计总量调控、分类形成、动态调整、监测考核的程序、规则、指标和参数体系，提升医疗服务价格管理信息化标准化水平。

三、着力推进医疗服务价格改革和管理

2023年3月，国家医疗保障局颁布《关于做好2023年医药集中采购和价格管理工作的通知》（医保办函〔2023〕13号），目的是进一步完善医药价格形成机制，促进医保、医疗、医药协同发展和治理，向人民群众提供优质高效、经济合理、方便可及的医药服务。

（一）深化改革试点

选择唐山市、苏州市、厦门市、赣州市、乐山市作为国家试点城市。监测首轮调价运行情况，持续完善价格形成机制。开展医疗服务价格改革试点阶段性评估，并研究扩大试点范围。

（二）建立动态调整机制

认真做好医疗服务价格定期评估和动态调整，以省为单位提交评估报告。符合启动条件的，在总量范围内有升有降调整价格，优先将技术劳务价值占比60%以上的价格项目纳入调价范围，调价方案中技术劳务价格为主的项目和金额原则上占总量60%以上，稳妥有序完成年度调价工作。

（三）规范价格项目

加快编制医疗服务价格项目规范，分批发布中医外治、辅助生殖等学科项目规范立项指南。做好新增医疗服务价格项目管理工作，鼓励高质量创新，对以设备耗材成本为主、价格预期较高的价格项目加强质量把关，做好创新性、经济性评价，避免按照具有排他性、有碍公平竞争的方式设立医疗服务价格项目。

四、持续开展口腔种植价格专项治理

（一）落实口腔种植综合治理措施

落地实施种植体系统集采结果，引导医疗机构优先采购使用中选产品。四川医保局率先开展牙冠竞价挂网，其他省份及时跟进联动四川的牙冠挂网价。各省于2023年2月底前出台口腔种植医疗服务价格治理政策文件，于2023年4月中旬前全面落实全流程调控目标。

（二）加强口腔种植价格监管

各地汇总梳理本区域内参与口腔种植专项治理的医疗机构名单、执行价格、联系方式等信息，2023年4月底前在省、市医保部门官网长期公布。适时启动专项治理"回头看"，重点对区域内价格排名靠前、群众投诉举报较多的医疗机构开展检查。

五、提升医药集中采购经办水平

常态化开展网采率测算，加强医用耗材特别是高值医用耗材网采率测算，不断提升公立医疗机构药品耗材网采率。强化招采子系统落地应用，做好系统轮调轮试，推进资质审核共享和结余留用等功能模块应用。开展数据专项治理，通过多种方式提升数据质量。医疗机构确有必要开展线下采购的，应及时备案，将有关采购数据补充录入平台。强化公共服务，规范事项办理时限标准。

第六章　医疗保险付费方式概论

第一节　医疗保险付费方式概述

近年来，卫生费用急剧上升，其中，医疗费用上涨尤其明显，已经成为影响国家社会经济发展的沉重负担。因此，各国政府都在积极开展医疗保险付费方式改革，探索遏制医疗费用过快增长的措施，更好地提高医疗服务质量和改善医院的绩效。

一、付费方式的基本概念

医疗保险付费方式是指医疗保险经办机构将医疗机构提供的医疗服务划分为不同的服务付费单元，并确定付费标准进行付费的方法。

支付方式改革的目的不是简单的"控费"，而是引导医疗机构聚焦临床需求，遵循因病施治原则，采用适宜技术，合理诊疗，合理用药，避免大处方、滥检查及过度医疗现象发生，更好保障参保人员基本医疗需求。

二、付费方式的主要形式

根据医疗保险经办机构在医疗机构提供医疗服务之前，是否确定付费服务单元和标准，将医疗保险付费方式划分为预付制和后付制。

预付制是指医疗保险经办机构按不同付费单元预先确定付费标准，向医疗机构付费的方式。预付制控制医疗费用的效果较好，但易引起医疗服务供给不足、推诿重症患者及转嫁费用等问题。后付制是指医疗保险经办机构根据医疗机构提供的服务项目、数量及收费标准，向医疗机构付费的方式。后付制易刺激医疗机构过度提供医疗服务，医疗费用控制难，但医疗机构易接受，病人要求容易满足。

根据医疗保险经办机构对医疗机构提供的医疗服务按项目或服务单元进行付费的不同方式，可以将付费方式划分为按项目付费、按病种付费、按定额付费、按人头付费和总额付费等付费方式。

按项目付费是指医疗保险经办机构依据医疗服务项目收费标准，按医疗机构提供服务的项目和数量向医疗机构付费的方式。

按病种付费是指医疗保险经办机构依据疾病诊断分类，以病种为付费单元确定付费标准，向医疗机构付费的方式。

按定额付费也称按服务单元付费，是指医疗保险经办机构将医疗机构提供的医疗服务以特定参数作为付费单元，确定平均付费标准，向医疗机构付费的方式。特定参数通常包括床日、人次、床位等。

按人头付费是指医疗保险经办机构根据医疗机构在一定时期内（通常为一年）提供医疗服务的人头数和人均付费标准，向医疗机构付费的方式。

医疗保险总额付费（简称总额付费）也称为总额预付，是指医疗保险经办机构通过与定点医疗机构协商，预先确定一定时期内（通常为一年）支付医疗机构的费用总额，根据年内医疗费用发生规律按月向医疗机构结算，年终在总额范围内考核清算的方式。

三、付费方式改革的理论依据

医疗保险被称为世界难题，难就难在医疗费用结算上。长期以来，围绕医疗费用控制和医疗保险付费方式改革，很多国家、地区从理论到实践都做了深入研究和积极探索。主要相关理论如下：

(一)医疗服务市场特征

1.医疗服务供给具有不确定性

疾病和事故伤害的发生,对于群体而言具有一定的规律性;但对个人而言具有不确定性,难以进行预测。即使具有相同病症的人,也可能有多种治疗方式,所提供的医疗服务有所不同,导致医疗服务供给及其产生的费用具有不确定性。

2.医患双方信息不对称

在医疗服务市场中,患者缺少医疗保健等知识,难以自我判断是否需要医疗服务,需要哪些服务以及医疗服务的项目和数量。掌握专门医学知识的医生决定有权确定医疗服务项目内容、数量。由于供需双方信息的不对称,使得医疗服务需求者处在一种被支配地位,供需双方不是处在平等的地位。

3.医疗服务需求价格弹性较小

医疗服务是针对生命维护和健康保护的基本消费,其价格是由价格主管部门根据经济社会变动确定的。

医疗服务价格是对医疗服务作为商品交换所采取的一种价格形式,本质上是医疗服务价值的货币表现,是医疗机构对患者服务的医疗服务项目的收费标准,包括门诊、住院、各项检查、治疗、检验、手术项目等的收费价格。由于医疗服务属于公共产品的范畴,医疗服务不同于一般的商品,具有福利性和商品性,国家不向其征收税金,同时给予一定形式的财政补贴。因此,医疗服务价格不是通过市场供求的调节自发形成的,而是采用不完全生产价格模式,即由政府有关部门通过理论价格,再根据国民经济的发展水平和居民的承受能力等来确定的,因此,医疗服务价格一般低于医疗服务价值。医疗服务价格是医疗机构组织收入的主要渠道,是医疗机构弥补医疗支出的主要方式。

4.诱导患者医疗消费需求

医疗服务领域是一个理论性、实践性很强的特殊行业,涉及广大群众的身心健康和切身利益,只有受过医疗卫生专业教育并经有关部门审核认可的人才能从事这项工作。由于供需双方信息不对称,医疗服务市场被具有行医资格的医生或医疗服务机构所垄断，医疗服务的提供者在为参保者做出医疗服务消费的选择时，可能会受到自身经济利益的影响而产生诱导需求的行为。

（二）第三方付费与道德风险

医疗保险实行第三方付费，使医疗服务市场中的供需双方关系转变为三方关系。医疗机构是医疗服务的供给方，参保人员是医疗服务的需求方，医疗保险部门是医疗服务的付费方。

道德风险是指由于医疗保险第三方付费而引起的医疗服务供需双方缺乏费用意识，产生参保人员对医疗服务过度利用或医疗机构的诱导需求和过度供给。由于医疗服务市场的信息不对称，很容易发生道德风险，导致医疗资源的浪费和医疗费用的过快增长。

（三）经济风险分担

不同付费方式对医疗服务供需双方产生不同的激励机制和制约作用。

付费方式改革的核心，是建立一个与社会公众利益相一致，与医、保、患各方价值追求目标相一致的支付机制。通过由医疗服务供方分担超过付费标准产生的经济风险。

通过付费方式的改革，增强医疗服务供方的费用意识，以达到有效地制约供方诱导需求、规范医疗服务行为和合理使用医疗保险基金的目的。

（四）医疗保险基金使用的效率与公平性

医疗保险付费方式是更为科学地配置医疗资源、规范医疗行为，近年来，国家医疗保障主管部门吸收国际经验，持续深化医保支付方式改革。

通过医疗保险付费方式改革，可以更好地发挥不同类型、不同级别医疗机构医疗服务功能，合理引导就医流向，提高医疗保险基金使用和配置的效率。同时，在付费方式改革中，应当充分体现"病有所医"的原则，妥善处理弱势群体及大病重病患者的医疗费用支付问题，避免出现推诿病人或费用转嫁，切实落实全体参保人员的基本医疗保障。

四、付费方式改革的作用

（一）控制医疗费用过快增长

医疗费用的过快增长，医保基金收支平衡的压力越来越大，要求必须大力开展医保付费方式改革。几年来，医保付费方式改革在规范医疗行为、遏制过度医疗、提高医疗质量方面不断探索，逐步推动医疗机构提质控费增效，取得了积极成果。

付费方式的主要作用在于控制医疗费用过快增长。传统的付费方式主要采用按项目付费，易刺激医疗机构因追求增加收入而诱导需求、提供过度医疗服务，导致医疗费用过快增长。付费方式改革通过引入预付制，事先确定医疗服务单元和付费标准，从而规范医疗服务行为，使医疗费用处于可控状态，有利于确保医疗保险基金的收支平衡，促进医疗保险制度可持续发展。

（二）规范医疗服务行为

付费方式改革的目的不是简单地控费，而是规范医疗服务行为、保障参保人员权益，更好地促进医疗机构发展。

近年来，各地积极探索有效的医疗保险付费方式，在规范医疗服务行为，保障参保人员基本医疗等方面发挥了重要作用。尤其是推行 DRG/DIP 付费方式改革，有效促进了医疗机构加强成本核算、合理配置内部资源，加强临床路径和临床指南的实施，规范医疗服务行为，做到合理检查、合理用药、合理治疗、合规收费，为参保人员提供合理必要的医疗服务，保障参保人员基本医疗。

（三）促进医疗资源优化配置

各地积极开展医保付费方式改革，尤其是推行 DRG/DIP 付费方式改革以来，切实发挥了医保付费方式改革在引导医疗资源配置等方面的重要作用，有效转变了医院运营管理机制，推动医院发展方式从规模扩张转向提质增效，促进医院完善自我约束机制，树立质量安全意识，显著提升诊疗效率，减少不必要的医疗资源消耗，进一步提升医院管理现代化、科学化、规范化、精细化程度。通过对基层医疗机构实行总额付费及按人头付费等付费方式，引导参保人员首诊到基层、小病到社区，带动医疗服务资源向基层流动，支持基层医疗机构和全科医生制度发展。通过实行总额付费及按病种付费等付费方式，充分发挥医疗服务专业优势，使参保人员的住院向二级、三级医疗机构和专科医疗机构集中，形成参保人员合理的就医流向，促进医疗卫生资源合理配置和卫生事业的健康发展。

五、对付费方式的基本评价

没有十全十美的付费方式，不同的付费方式各有利弊，对医疗服务数量、质量和效率可产生不同影响。

付费方式改革的目的，旨在有效控制医疗费用，提高医疗服务质量与效率。对医疗保险经办机构而言，还必须兼顾管理的难易程度及管理成本。

按项目付费是指医疗保险经办机构依据价格主管部门制定的医疗服务项目收费标准，按医疗机构提供服务的项目和数量向医疗机构付费的方式。按服务项目付费是我国运用的最早、最广泛的支付方式。这种方式的优点是：操作比较简单，适应性强，便于施行。容易满足参保人员需求，有利于医学科技成果的及时应用和服务项目的不断更新。弊端是：刺激医疗需求，医疗机构可通过增加医疗服务项目和数量达到增收目的，向参保人员提供过度医疗服务，造成医疗费用过快增长。

按天数付费是按住院患者的天数进行付费的一种方式。每天费用的测算是将历史上的成本除以病人的住院日数。现在常用于精神病防治院、长期保健医院和老年护理院。优点是管理简单，缺点是住院的成本不能均匀地分布，而且按天付费鼓励了长的住院日。

按人头付费主要是根据医院提供服务的人口数量来规定每个人的定额标准，实际上就是一种预付制。它的好处是管理较简单且费用低，并能自觉控制费用，缺点是病情较于简单的患者更容易被医院所接受，而危重患者往往被推诿。

按总额付费，即由医疗保险经办机构与医院协商好后确定一年的总额预算指标，不论实际医疗费用有多少，都以这个总额为标准限度，并且医疗机构必须保证符合规定的医疗服务。按总额付费是一种计划性相对较强的费用结算方式，但实行按总额付费的难点是需要找准确定总额的参数指标和调整总额系数指标，并给予合理的调整，使医疗机构在实施医疗服务能够在执行基本医疗保险政策，保障参保人权益时能够在资金上正常运转，在结算费用时有可靠真实的依据。

按病种付费，实际就是按诊断疾病的难易程度和消耗成本进行付费，它是最直接最有效率的一项付费方式，缩短了大量的时间并提高了工作效率。但其的缺点是管理要求以及成本过高，全面实施太难。

综上所述，不同的医保付费方式各有利弊，如何保证人们的就医质量是比较关键性的一个问题，单一的支付方式很难达到想要的效果，因此今后的医疗保险支付方式将会更加完善与多层次是必然的发展方向。

不同付费方式相关评价详见表6-1。

表6-1 医疗保险付费方式相关评价

付费方式	费用控制效果	服务质量评价	管理难易程度
按项目付费	差	好	难
按人头付费	好	良	易
按病种付费	好	良	中
按总额付费	好	良	易

六、付费方式的应用

按人头付费多用于对门诊医疗费用的全面控制；按病种付费多用于对所列入的病种进行医疗费用控制；按定额付费多用于对所列入的医疗服务单元进行医疗费用控制，但都不足以实现对全部医疗费用的控制。

因此，应在加强基金预算和实施总额控制的基础上，根据各种付费方式的适用范围，充分发挥各种付费方式的优势，形成优势互补和协同作用。

2016年10月，国务院深化医药卫生体制改革领导小组《关于进一步推广深化医药卫生体制改革经验的若干意见》强调，要"全面推进支付方式改革。逐步减少按项目付费，完善医保付费总额控制，推行以按病种付费为主，按人头付费、按床日付费、总额预付等多种付费方式相结合的复合型付费方式，鼓励实行按疾病诊断相关分组付费（DRGs）方式，逐步将医保支付方式改革覆盖所有医疗机构和医疗服务。建立结余留用、合理超支分担的激励约束机制，激发医疗机构规范行为、控制成本的内生动力"。

2017年6月，国务院下发《关于进一步深化基本医疗保险支付方式改革的指导意见》（国办发〔2017〕55号），提出"2017年起，进一步加强医保基金预算管理，全面推行以按病种付费为主的多元复合式医保支付方式。各地要选择一定数量的病种实施按病种付费，国家选择部分地区开展按疾病诊断相关分组（DRGs）付费试点，鼓励各地完善按人头、按床日等多种付费方式。到2020年，医保支付方式改革覆盖所有医疗机构和医疗服务，全国范围内普遍实施适应不同疾病、不同服务特点的多元复合式医保支付方式，按项目付费占比明显下降"。

2021年11月，国家医疗保障局下发《关于印发DRG/DIP支付方式改革三年行动计划的通知》（医保发〔2021〕48号），指导各地完成DRG/DIP付费方式改革任务，推动医保高质量发展。《通知》明确了工作目标，从2022到2024年，全面完成DRG/DIP付费方式改革任务，推动医保高质量发展。到2024年底，全国所有统筹地区全部开展DRG/DIP付费方式改革工作，先期启动试点地区不断巩固改革成果；到2025年底，DRG/DIP支付方式覆盖所有符合条件的开展住院服务的医疗机构，基本实现病种、医保基金全覆盖。

七、付费方式的经办管理

付费方式的经办管理是指医疗保险经办机构依法依规开展付费方式改革的过程。付费方式经办管理的主要内容包括：

1.根据统筹医保基金收支情况，做好收支预算。

2.根据医疗保险基金收支预算，拟定本地区年度总额控制定额目标，报主管机关核准后执行。

3.收集、分析相关数据，通过与医疗机构谈判协商，根据各级各类医疗机构的实际情况，进一步细化总额控制指标，确定付费方式及相应的付费标准。

4.将付费方式改革有关内容纳入与医疗机构的协议管理。

5.按照协议要求和考核情况，向医疗机构支付医疗费用。

6.及时跟踪医疗机构实施情况并妥善解决相关问题。

7.根据需要提出年中或年终定额指标的调整方案，报主管机关核准后再执行。

8.按照结余留用、超支分担的实施方案，积极开展年终清算工作。

9.加强医疗服务监管，对违规行为进行处理。

10.做好运行分析和年度总结。

第二节 我国医疗保险付费方式的改革进程

20世纪50年代初，机关事业单位公费医疗制度和企业劳保医疗制度，先后在我国实施，是我国医疗保险制度的雏形。

1957年9月，党的八届三中全会提出，劳保医疗和公费医疗实行少量收费办法（门诊、住院和药品），以节约开支，此后，陆续将挂号费、营养滋补类药品和就医差旅费等列入自费范围。

70年代末期，针对医疗卫生改革初期凸显的费用快速增长、公费和劳保医疗不堪负担的状况，部分地区通过试行个人适当分担医疗费，加强医疗服务需方的控制；也有部分地区试行了公费医疗费用医疗机构包干，对医疗机构进行费用控制。

80年代后期，随着对医疗机构进一步"放权让利，扩大医疗机构自主权，放开搞活，提高医疗机构效率和效益经济"，医疗费用增长更加迅猛，"看病难、看病贵"的矛盾日益突出。同时，随着社会主义市场经济体制的建立，公费、劳保医疗制度采用的统包统揽与单位保障模式已明显不能适应时代发展的要求，亟待进行改革。

1994年4月，国家体改委、财政部、劳动部、卫生部共同制定了《关于职工医疗制度改革的试点意见》，经国务院批准，在江苏省镇江市、江西省九江市进行试点，即著名的"两江试点"。同年12月，镇江市、九江市的职工医疗保障制度改革试点正式启动。"两江试点"的重点是实现机制转换，建立"统账结合"的城镇职工医疗保险模式。这一模式，为后期深化医疗卫生体制改革奠定了重要的基础。

1998年12月，《国务院关于建立城镇职工基本医疗保险制度的决定》（国发〔1998〕44号）确定了统账结合的医疗保险制度模式，并实现了医疗保险社会化管理，明确了医疗保险基金"以收定支、收支平衡、略有结余"的管理原则。根据控制医疗费用增速，实现医疗保险基金收支平衡，减轻参保人员经济负担和维护医疗保险制度平稳持续发展的需要，部分地区开展了多种形式的付费方式改革，如上海市医疗保险实施的总额控制，山东省济宁市等地实施的按病种付费方式，湖南省实施的按住院次均费用定额付费方式，江苏省镇江市、浙江省杭州市实施的按人头付费方式，通过积极探索，为深化医疗保险付费方式改革积累了可贵的经验。

2009年3月，《中共中央、国务院关于深化医药卫生体制改革的意见》（中发〔2009〕6号）提出，"强化医疗保障对医疗服务的监控作用，完善支付制度，积极探索实行按人头付费、按病种付费、总额预付等方式，建立激励与惩戒并重的有效约束机制"，"积极探索建立医疗保险经办机构与医疗机构、药品供应商的谈判机制，发挥医疗保障对医疗服务和药品费用的制约作用"，明确了医疗保险付费方式的改革方向和基本方法。

2011年5月，国家人力资源社会保障部印发的《关于进一步推进医疗保险付费方式改革的意见》（人社部发〔2011〕63号）提出："要根据基金收支预算实行总额控制，探索总额预付办法。……探索实行以按病种付费为主的付费方式。"

2011年3月，国家发改委、卫生部印发《关于开展按病种收费方式改革试点有关问题的通知》（发改价格〔2011〕674号），推荐104个病种在各地实行医疗服务按病种收费。要求"各省（区、市）价格主管部门要会同卫生部门按照'有约束、有激励'的原则，制定病种收费标准"，"医疗机构严格遵循病种诊疗规范，确保医疗服务质量，明确双方权利义务。医疗机构不得推诿重病患者，不得无故缩短患者住院时间、分解患者住院次数"。

2012年3月，《国务院关于印发"十二五"期间深化医药卫生体制改革规划暨实施方案的通知》（国发〔2012〕11号）明确要求：加大医疗保险支付方式改革力度，结合疾病临床路径实施，在全国范围内积极推行按病种付费、按人头付费、总额预付等，增强医疗保险对医疗行为的激励约束作用"。建立医疗保险对统筹区域内医疗费用增长的制约机制，制定医疗保险基金支出总体控制目标并分解到定点医疗机构，将医疗机构次均（病种）医疗费用增长控制情况和个人负定额控制情况列入医疗保险分级评价体系。

2012年12月，人力资源社会保障部、财政部、卫生部印发《关于开展基本医疗保险付费总额控制的意见》（人社部发〔2012〕70号），要求进一步深化医疗保险付费方式改革，结合基本医疗保险基金预算管理的全面施行，开展基本医疗保险付费总额控制。

2016年1月，国务院《关于整合城乡居民基本医疗保险制度的意见》（国字〔2016〕3号）指出要进一步完善支付方式，"系统推进按人头付费、按病种付费、按床日付费、总额预付等多种付费方式相结合的复合支付方式改革，建立健全医保经办机构与医疗机构及药品供应商的谈判协商机制和风险分担机制，推动形成合理的医保支付标准，引导定点医疗机构规范服务行为，控制医疗费用不合理增长"。

2017年6月，国务院办公厅《关于进一步深化基本医疗保险支付方式改革的指导意见》（国办发〔2017〕55号），指出"2017年起，进一步加强医保基金预算管理，全面推行以按病种付费为主的多元复合式医保支付方式。各地要选择一定数量的病种实施按病种付费，国家选择部分地区开展按疾病诊断相关分组（DRGs）付费试点，鼓励各地完善按人头、按床日等多种付费方式。到2020年，医保支付方式改革覆盖所有医疗机构和医疗服务，全国范围内普遍实施适应不同疾病、不同服务特点的多元复合式医保支付方式，按项目付费占比明显下降。"

2018年12月，国家医疗保障局办公室《关于申报按疾病诊断相关分组付费（DRG）国家试点的通知》（医保办发〔2018〕23号），标志着从国家层面着手加快推进按疾病诊断相关分组付费（DRG）工作。

2019年5月，国家医保局财政部国家卫生健康委国家中医药局联合下发《关于印发按疾病诊断相关分组付费国家试点城市名单的通知》（医保发〔2019〕34号），确定北京市、天津市等30个试点城市开始按疾病诊断相关分组付费（DRG）的试点工作。2019年10月，国家医疗保障局印发《关于印发疾病诊断相关分组（DRG）付费国家试点技术规范和分组方案的通知》（医保办发〔2019〕36号），给各地提供了标准化的技术遵循。

2020年6月，国家医疗保障局下发《关于印发医疗保障疾病诊断相关分组（CHS-DRG）细分组方案（1.0版）的通知》（医保办发〔2020〕29号），指导各地规范DRG分组工作。2020年10月，国家医疗保障局《关于印发区域点数法总额预算和按病种分值付费试点工作方案的通知》（医保办发〔2020〕45号），标志着区域点数法总额预算和按病种分值付费工作开始试点启动。2020年11月，国家医疗保障局下发《关于印发区域点数法总额预算和按病种分值付费试点城市名单的通知》（医保办发〔2020〕49号），确定天津市、济宁市等71个城市作为试点，开始区域点数法总额预算和按病种分值付费工作（DIP）试点。2020年11月，国家医疗保障局下发《关于印发国家医疗保障按病种分值付费（DIP）技术规范和DIP病种目录库（1.0版）的通知》（医保办发〔2020〕50号），加强对区域点数法总额预算和按病种分值付费试点工作的技术指导。

2021年4月、5月，国家医疗保障局先后下发《关于印发按疾病诊断相关分组（DRG）付费医疗保障经办管理规程（试行）的通知》（医保办发〔2021〕23号）、国家医疗保障局办公室《关于印发按病种分值付费（DIP）医疗保障经办管理规程（试行）的通知》（医保办发〔2021〕27号），规范医疗保险经办管理工作。2021年11月，国家医疗保障局下发《关于印发DRG/DIP支付方式改革三年行动计划的通知》（医保发〔2021〕48号），指导各地完成DRG/DIP付费方式改革任务，推动医保高质量发展。2021年12月，国家医疗保障局办公室《关于印发DRG/DIP付费示范点名单的通知》（医保办函〔2021〕15号），确定北京市、河北省邯郸市等18个城市作为DRG示范点，河北省邢台市等12个城市作为DIP示范点，天津市、上海市等2个城市作为综合（DRG/DIP）示范点。

2022年4月，国家医疗保障局发布《关于做好支付方式管理子系统DRG/DIP功能模块使用衔接工作的通知》，给各地提供全国统一的医保信息平台DRG/DIP功能模块。7月2日，第二届华中医保论坛暨DRG/DIP支付方式改革专题论坛成功举办，有效促进了DRG/DIP支付方式改革先行试点推广，推动医疗保障事业高质量发展。9月9日，国家医疗保障局发布《关于开展全国统一医保信息平台支付方式管理子系统监测点建设工作的通知》，《通知》明确河北省邯郸市、江西省上饶市、山东省东营市、湖北省武汉市、湖南省邵阳市、广东省广州市作为首批监测点。采取先少后多、先慢后快原则，争取到2024年底前，全国所有地区达到监测点建设要求。通过监测点工作机制，快速扎实推进以DRG/DIP功能模块为重点的支付方式管理子系统建设。

第三节 付费方式改革的原则

基本医疗保险制度启动实施以来，各地积极探索有效的医疗保险付费方式，在保障参保人员权益、规范医疗服务行为、控制医疗费用增长和促进医疗机构发展等方面发挥了重要作用。随着医药卫生体制改革的深化，对完善医疗保险付费体系提出了更新更高的要求。

按照党中央、国务院关于深化医药卫生体制改革的总体部署，推进医疗保险付费方式改革，应坚持以下基本原则：

一、坚持保障基本

坚持以收定支、收支平衡、略有结余，不断提高医保基金使用效率，着力保障参保人员基本医疗需求，促进医疗卫生资源合理利用，筑牢保障底线。我国基本医疗保险制度的出发点和落脚点，是坚持全覆盖、保基本、多层次、可持续的原则，医疗保障水平与经济发展水平和各方承受能力相适应。基本医疗保险应当与经济社会发展水平与人民群众的支付能力相适应，要坚持"以收定支、收支平衡"。医疗保险付费方式改革,既不能超越筹资能力和筹资水平,也不能影响和削弱基本医疗保障。

二、坚持建立机制

发挥医保第三方优势,健全医保对医疗行为的激励约束机制以及对医疗费用的控制机制。建立健全医保经办机构与医疗机构间公开平等的谈判协商机制、"结余留用、合理超支分担"的激励和风险分担机制,提高医疗机构自我管理的积极性,促进医疗机构从规模扩张向内涵式发展转变。

三、坚持科学合理

医疗保险经办机构应根据医疗机构提供医疗服务和费用的历史数据与现状,科学合理地确定总额控制指标和各种付费方式的付费标准,并根据变动情况适时进行调整。付费方式改革应兼顾三方利益,即参保人员的经济负担进一步减轻,医疗机构的医疗成本得到合理补偿,医疗保险基金实现收支平衡。

四、坚持公开透明

医疗保险经办机构应当事先将医疗保险有关数据、付费方式改革的有关规定进行公开,并就付费方式和标准与医疗机构进行公平公正的谈判协商,提高医疗机构的参与度,并注意发挥相关行业学(协)会的作用。

五、坚持激励约束

付费方式改革要建立相应的激励约束机制。对医疗机构应建立结余留用、超支分担的激励与约束机制。结余留用是为了促进医疗机构加强自我管理、合理控制成本和提高服务质量的积极性和主动性。超支分担是风险分担的一种形式，医疗机构超出费用指标后全部或部分承担经济风险，有助于医疗机构重视并有效从源头上控制医疗费用。

六、坚持强化监管

强化监管是确保医疗保险付费方式改革平稳运行的基本保证。医疗保险经办机构在充分利用付费方式引导医疗服务行为的同时，应结合医疗保险医师制度、协议管理和分级管理等措施，针对不同付费方式可能出现的推诿危重病人、分解服务、医疗服务不足和转嫁费用等情况，切实加强监管，特别是要强化对医疗机构主观违规行为的监管和处理力度。

七、坚持因地制宜

要从实际出发，充分考虑医保基金支付能力、医保管理服务能力、医疗服务特点、疾病谱分布等因素，积极探索创新，实行符合本地实际的医保支付方式。医疗保险付费方式的选择与运用，应当与当地的经济社会发展水平、医疗卫生资源配置、医疗服务供需双方行为和医疗赛用点、医疗保险经办管理能力，以及医疗保险信息系统基础因素相适应时，付费方式还应根据当地实际情况的变化，不断总结完善，发展优化。

八、坚持统筹推进

统筹推进医疗、医保、医药各项改革，注重改革的系统性、整体性、协调性，发挥部门合力，多措并举，实现政策叠加效应。

第四节 付费方式改革的发展趋势

长期以来，按服务项目付费是我国传统的医保付费方式。实际结算过程中，根据诊疗过程中用到的所有药品、医疗服务项目、医用耗材，按照价格和数量按照医疗保险规定进行结算，患者和医保基金根据实际费用分别承担各自需要支付的部分。

这种医保支付方式执行起来相对容易，也较为符合过去我国医药卫生体制的实际情况。随着人民群众生活水平的不断提高，看病就医的刚性需求逐渐释放，传统支付方式的弊端也越来越明显，容易诱导过度医疗发生。这不仅造成医疗资源的浪费，还增加了参保人员经济负担，增加了医疗保险基金支出。

《"十四五"全民医疗保障规划》明确要持续优化医保支付机制。推进医保支付方式改革，不仅是医保高质量发展的需要，也是医院高质量发展的需要，更是人民群众获得更高质量医保医药服务的需要。

事实上，有关医保付费方式改革的实践探索一直未停步，从最初单一的按项目付费逐渐发展成为多元复合式医保支付方式。针对不同疾病、不同医疗服务特点，分类推进医保支付方式改革。对住院医疗服务，探索按病种、按疾病诊断相关分组付费；对长期、慢性病住院医疗服务探索按床日付费；对基层医疗服务，积极探索按人头付费与慢性病管理相结合等。

一、向结合基金预算管理加强医疗费用总额控制发展

2011年5月，人力资源社会保障部《关于进一步推进医疗保险付费方式改革的意见》（人社部发〔2011〕63号）指出，"付费方式改革要以建立和完善基金预算管理为基础"，"要根据基金收支预算实行总额控制，探索总额预付办法"。

各统筹地区应按照《国务院关于试行社会保险基金预算的意见》（国发

〔2010〕2号）文件要求，认真编制基本医疗保险基金收支预算。对基金支出预算要进行细化，将支出预算与支付方式相结合，进行支出预算分解。

要根据基金收支预算实行总额控制，探索总额预付办法。按照基金支出总额，确定对每一种付费方式的总额控制指标，根据不同定点医疗机构级别、类别、特点以及承担的服务量等因素，落实到每一个定点医疗机构，以及每一结算周期，并体现在医保经办机构和定点医疗机构的协议中。医保经办机构要根据协议的规定，按时足额向定点医疗机构支付费用。同时，根据基金能力和结算周期，明确预拨定点医疗机构周转金的条件和金额。

要将定点医疗机构总额控制指标与其定点服务考评结果挂钩，在按周期进行医疗费用结算的基础上，按照"结余奖励、超支分担"的原则实行弹性结算，作为季度或年度最终结算的依据。

二、由后付制向预付制发展

国务院办公厅印发《关于进一步深化基本医疗保险支付方式改革的指导意见》（国办发〔2017〕55号），要求医保付费方式从后付制转变为预付制、包干制。

由后付制逐渐向预付制发展或采用两者结合的医疗费用结算方式是必然趋势。特别是在医疗保险制度全面覆盖、医疗保险基金总量递增、医疗服务人次显著增加的情况下，以按项目付费为主的后付制势必难以适应发展的需要。预付制能够较好地建立医疗机构自我管理和自我约束机制，规范医疗服务行为，有效抑制医疗费用的不合理增长，最大限度地降低医疗保险基金的风险。尽管目前各地医疗保险经办机构推行预付制付费方式的进程尚不平衡，但对采用预付制付费方式的认识正逐步提高并趋向统一，在付费方式改革中的运用也逐步得到扩展。

三、向复合式付费方式发展

2016年1月，国务院下发《关于整合城乡居民基本医疗保险制度的意见》，要求完善支付方式，系统推进按人头付费、按病种付费、按床日付费、总额预付等多种付费方式相结合的复合付费方式改革。

我国医疗保险付费方式改革的实践证明，不同的付费方式适用于不同的医疗服务特征与形式，具有一定的局限性。通过不同付费方式的组合，可以形成系统集成效应，克服个体的局限性。同时，日益广泛的医疗保险制度覆盖面和日益庞大的医疗保险基金，使得医疗保险人群及费用占医疗机构医疗服务和医疗费用的比例显著增加，医疗保险机构在付费方式选择上有更多的主动权。积极推行复合式的医疗保险付费方式，包括总额控制、按定额付费、按人头付费、按病种付费方式（包括 DRG/DIP）的灵活运用与有机结合，并取得显著成效。

四、向多部门协调方向发展

2017 年 6 月，国务院《关于进一步深化基本医疗保险支付方式改革的指导意见》（国办发〔2017〕55 号）明确指出，要协调推进医保付费方式及相关领域改革，妥善做好政策衔接，发挥政策合力。各级人力资源社会保障、卫生、财政、发展改革、中医药等部门要根据各自职能，协同推进医保支付方式改革，明确时间表、路线图，做好规划和组织落实工作。

第七章 DRG/DIP 付费

第一节 DRG/DIP 简介

一、DRG/DIP 简介

（一）DRG 简介

DRG付费方式是将住院病人按照临床相似性以及资源消耗相似性（即按照病人的疾病严重程度、治疗方法的复杂程度及资源消耗程度）分成一定数目的疾病组，并以组为单位制定医疗费用付费标准的预付打包的付费方式。

DRG分组通常包括4个层级：首先是按解剖学或病因学的医学标准分成诊断大类；继而划分为不同的治疗方式，如手术治疗、非手术治疗组等；在每一类治疗方式下，再根据主要诊断、主要治疗方式匹配的情况决定基本组分类；最后，再结合其他资源消耗因素，如其他诊断、并发症、年龄、护理等级等分配一个用于支付的DRG组。

DRG支付方式适用于急性入院患者，不适用于非急性期的精神心理疾病患者、康复治疗患者和慢性病患者的支付。

（二）DIP 简介

DIP 分值付费，就是在按病种付费基础上运用大数据技术进行分类组合后进行的分值付费。之前的单病种付费方式病种覆盖范围有限（一旦含有并发症即采用单病种退出机制），不易推广。而基于大数据的病种组合（DIP）则能很大程度规避掉这种弊端。相对于 DRG 付费是从西方传入的舶来品，DIP

分值付费可以说是具有中国特色的医保付费方式。

二、DRG/DIP 两种支付方式的比较

2021年底，国家医保局总结试点工作经验，颁发了《关于DRG/DIP支付方式改革三年行动计划的通知》，要求从2022年到2024年，全面完成DRG/DIP付费方式改革任务，推动医保高质量发展。

（一）DRG、DIP 的不同

1.付费设计立足点不同

DRG侧重以病例组合为单位，体现对医疗机构规范"同病同操作"病例诊疗路径的导向作用，发挥医保支付的激励约束作用。DIP侧重以病种组合为单位，根据各级医疗机构的功能定位，通过不同病种赋予分值的大小差异，体现对治疗方式和合理成本的导向作用。

2.分组原理不同

DRG从粗到细，强调以临床经验为基础，从疾病诊断大类出发。按诊断和治疗方式区分成不同病例组合，"多病一组"或"多操作一组"，组间差异较大。DIP从细到粗，强调对临床客观真实数据的统计分析，按疾病与治疗方式的共性特征分组，"一病一操作一组"，组内差异较小。

3.费率和点值有差别

DRG付费支付标准的计算分别为相对权重和费率的测算，DIP支付标准的测算分为病种分值与点值测算。

4.监管难点有差异

DRG分组过程对分组器和专家依赖程度高，各级医疗机构的诊疗方式和路径差异较大，根据指标主观确定同等级医疗机构总额，基金风险较大。DIP依赖历史病案数据，存在诱导医疗机构采用复杂技术、高分值治疗方式的风险，医保监管难度较大。

（二）DRG、DIP 的突出优势

DRG、DIP是以疾病为导向的医疗服务的定价方法，也就是以就诊的疾病诊断代码作为医疗服务定价的依据。二者均可以有效地控制医疗费用，提高医疗服务的质量和效率，在全球范围内被广泛应用。

DRG、DIP的核心原理是将同种疾病的患者聚类形成一个"病组"，并对该病组内患者的医疗服务进行最终的定价。DRG、DIP流程主要分为以下三个步骤：一是诊断编码；二是寻找相应的DRG-DIP代码；三是根据DRG-DIP代码计算医疗服务费用。

DRG-DIP的优势在于能够实现医疗服务的规范化和标准化，将医疗费用控制在合理范围内，提高医疗服务的效率和质量。DRG、DIP还能够优化医疗资源的配置，实现公平合理的医疗服务，减少医疗纠纷和不必要的法律纠纷。

二者具有不同的突出优势。

1.DRG的突出优势

（1）制度优势。DRG国内外典型经验多，起源于国外，知晓度比较高。它根据临床解剖部位和治疗类别进行"粗分组"，在一个组内可能有不同的治疗方式，一是便于医疗机构比较院内同一个病例组合中不同治疗方式的成本差异，在保证质量的前提下，激励医疗机构采取低资源消耗的治疗方式。二是与临床按科室管理、按疾病和治疗分类的思路一致，临床易理解，有利于将精力集中到异常病组的管理中。

（2）技术优势。一是DRG分组使用ICD-10编码前6位，更细致，对疾病的标识更为精准，对医疗机构编码行为的调整更加明显。二是DRG侧重于使用病例组合的成本数据计算权重。在目前成本数据不完善的情况下，除了使用历史费用外，还使用作业成本法、病种费用分类构成等方法对病例组合的权重进行调整，能够消除一部分不合理诊疗对病组费用的影响，以保证病例组合的权重更趋合理。三是事先确定的细分组可引导医疗机构在诊疗患者时，规范相似诊断或操作病例的临床路径，提高组内病例诊疗的同质化程度，进而实现"同病同操作"的诊疗规范化目标。

2.DIP的突出优势

（1）制度优势。DIP属于中国原创的支付方式。在一些地方先行先试，适应中国国情，基于信息化、大数据的广泛认知和应用的现实条件，具有中国特色、时代特征。DIP在统筹区域范围实施，便于比较同一病种组合在不同医疗机构间的治疗费用差异，将有效促进区域内医疗机构间的专业分工、良性竞争，有利于业务主管部门考核与监管。

（2）技术优势。一是基于大数据理念，以病种为付费单位和监管、分析对象，对促进医保精细化、科学化管理，购买价值医疗，奠定了极为科学和坚实的基础。二是起步阶段，来自基础条件和分组技术方面的障碍少。如DIP分组使用ICD-10编码的前4位，对编码的适应性强，便于动态调整和拓展，适用于编码未完全统一、历史病案数据质量不高的地区，且留有逐步完善数据质量的补短期，能有效平衡临床应用与医保支付间的关系。三是跨区域推广及其在考核管理上的借鉴意义更高。尤其是因为基于大数据进行分组，以公式与指标作为分组的主要依据，对分组器无特殊依赖，便于监管部门发挥主导作用，进行质量和费用的控制。四是DIP更具包容性，承认医院过往的临床诊疗行为习惯，更易于接受，落地阻力较小，医院发展优势学科、运用新技术的积极性也更高。DRG和DIP支付是两种新型的医保付费模式。

（三）DRG、DIP的不足

DRG/DIP的不足在于只考虑了患者的疾病诊断代码，而没有考虑到患者的个体差异和复杂情况。因此，在DRG、DIP的应用中，需要根据实际情况进行适当的调整和修正。此外，DRG/DIP的计算过程涉及大量的医疗数据，对于医疗机构的信息化水平要求比较高。

（四）DRG/DIP在国内的应用

DRG、DIP自2000年开始在国内得到应用，目前已经成为公立医院收费的主流方式之一。尤其是《国家医疗保障局关于印发DRG/DIP支付方式改革三年行动计划的通知》（医保发〔2021〕48号）发布后，越来越多的医疗保险经办机构和医疗机构开始适应DRG/DIP的工作方式。DRG/DIP的应用在未来还将继续扩展和深化，成为中国医疗改革的重要组成部分。

DRG/DIP是以疾病为导向的医疗服务定价方法，在全球范围内得到了广泛应用。其优势在于实现了医疗服务的规范化和标准化，有利于医疗服务质量的提高和医疗费用的控制。虽然DRG/DIP在国内应用尚处于起步阶段，但随着医疗改革的不断深化，其应用将会越来越广泛，成为中国医疗服务的重要组成部分。

第二节　按疾病诊断相关分组（DRG）付费

按疾病诊断相关分组（DRG）支付是世界公认的较为先进和科学的支付方式之一，是有效控制医疗费用不合理增长，建立公立医院运行补偿新机制，实现医保患三方共赢和推进分级诊疗促进服务模式转变的重要手段。

2019年5月，国家医疗保障局会同财政部、国家卫生健康委、国家中医药局联合下发《关于印发按疾病诊断相关分组付费国家试点城市名单的通知》（医保发〔2019〕34号），确定了30个城市作为DRG付费国家试点城市。开展DRG付费的试点城市与医疗机构密切合作，自2021年度开始启动。

为贯彻落实医保支付方式改革任务，切实做好疾病诊断相关分组（DRG）付费国家试点工作，国家医疗保障局组织制订了《国家医疗保障DRG分组与付费技术规范》，主要内容如下。

一、DRG付费概述

（一）DRG基本概念

疾病诊断相关组（DRG）是用于衡量医疗服务质量效率以及进行医保支付的一个重要工具。DRG实质上是一种病例组合分类方案，即根据年龄、疾病诊断、并发症、治疗方式、病症严重程度及转归和资源消耗等因素，将患者分入若干诊断组进行管理的体系。

在DRG付费方式下，依诊断的不同、治疗手段的不同和病人特征的不同，每个病例会对应进入不同的诊断相关组。在此基础上，保险机构不再是按照病人在院的实际费用（即按服务项目）支付给医疗机构，而是按照病例所进入的诊断相关组的付费标准进行支付。

（二）DRG付费目标

通过DRG付费，医保基金不超支，使用效率更加高效，对医疗机构和医保患者的管理更加精准；医院方面诊疗行为更加规范，医疗支出得到合理补偿，医疗技术得到充分发展；患者方面享受高质量的医疗服务，减轻疾病经济负担，同时结算方式也更加便捷。

（三）DRG付费适用范围

只有那些诊断和治疗方式对病例的资源消耗和治疗结果影响显著的病例，才适合使用DRG作为风险调整工具，较适用于急性住院病例。

并不适用于以下情况，应作"除外"处理：①门诊病例；②康复病例；③需要长期住院的病例；④某些诊断相同，治疗方式相同，但资源消耗和治疗结果变异巨大病例（如精神类疾病）。

二、DRG的设施条件和数据准备

（一）DRG实施的基本条件

1.基础代码统一

疾病的诊断和操作编码，通常以"国际疾病分类"（ICD）编码为基础。CHS-DRG使用国家医保版《医疗保障疾病诊断分类及代码（ICD-10）》和《医疗保障手术操作分类与编码（ICD-9-CM-3）》等技术标准。

2.病案质量达标

按照国家病案管理规范，病案首页信息填写完整，主要诊断和辅助诊断填写和选择正确，手术和操作填写规范，满足DRG分组和付费要求。医疗机构病案管理人员具备专业资质，业务熟练，管理流程规范。

3.诊疗流程规范

实施 DRG 付费区域内的医疗机构诊疗流程相对规范，医院质量控制机制健全，并且广泛开展临床路径管理。

4.信息系统互联

医保经办机构和医疗机构具有安全稳定的硬件平台和网络服务，医疗机构内部 HIS 系统、病案系统、收费系统和医保结算系统互联互通，且可根据需要开发用于同 DRG 分组器进行数据交互的接口。

5.管理队伍精干

具有精干的医保经办管理及监督考核的专业人员队伍，具备 DRG 付费和管理的基本知识和技能。

6.协作机制健全

医保经办机构和医疗机构具有较强的实施 DRG 付费意愿，医保部门与区域内医院保持密切的合作关系，双方建立常态性的协商沟通机制。

（二）DRG 实施的数据来源

1.历史数据采集

（1）医院病案数据。收集近几年（一般为 3 年）实施地区内不同医疗机构中住院的病案首页信息和费用明细数据。

（2）医保平台结算数据。收集与病案数据收集时段内相对应的实施区域内不同医疗机构住院患者的基本信息和住院的报销情况。

（3）医院疾病诊断与手术操作编码库。从各医院 HIS 系统中导出病案首页数据收集时段内使用编码库。以便确认编码版本，便于编码转换。包括疾病诊断编码库和手术操作编码库。

2.实时数据采集

参照《国家医疗保障局关于印发医疗保障定点医疗机构等信息业务编码规则和方法的通知》（医保发〔2019〕55 号），通过医院的各信息系统（包括首页）生成结算清单，实时上传医疗保障基金结算清单信息。

（三）数据化和上传

根据 CHS-DRG 数据标准对收集和上传的病例信息进行标准化处理，必要时返回医疗机构核对并补充完整后进行二次上传，保证分组的规范性和可靠性。

（四）数据审核

数据审核的主要指标包括完整性、合理性和规范性三种。

一是完整性。包括患者病案首页及费用明细信息是否按病案管理规范要求填写完整，核心指标无漏项。

二是合理性。包括对患者性别与诊断的相符判断；年龄与诊断的相符判断；出入院时间的逻辑判断；总费用与明细费用是否相等的逻辑判断；诊断与费用是否相符的逻辑判断以及必要费用和无关费用比例的计算等。

三是规范性。包括审查病例诊断是否为规范诊断；诊断是否出现顺序排列错误，主诊断为空等，以及诊断编码与诊断是否相匹配；诊断编码是否为规范诊断编码等。

三、DRG 分组策略与方法

（一）分组原则

逐层细化、大类概括；疾病诊断、手术或操作临床过程相似，资源消耗相近；临床经验与数据验证相结合；兼顾医保支付的管理要求和医疗服务的实际需要。

（二）分组策略和分组理念

DRG 分组采用病例组合思想，疾病类型不同，应该通过诊断区分开；同类病例但治疗方式不同，亦应通过操作区分开；同类病例同类治疗方式，但病例个体特征不同，还应该通过年龄、并发症、出生体重等因素区分开，最终形成 DRG 组。

(三)病组命名和编码规则

DRG 病组的中文名称结合临床习惯制定,并由医保局组织相关专家审定。

DRG 病组的代码由 4 位码构成,第一位表示主要诊断大类(MDC),第二位表示 DRG 病组的类型,第三位表示 ADRG 的顺序码,用阿拉伯数字 1—9 表示,第四位表示是否有并发症或年龄、转归等特殊情况。

四、DRG 相对权重计算与调整

(一)概念与内涵

DRG 相对权重(RW)是对每一个 DRG 依据其资源消耗程度所给予的权值,反映该 DRG 的资源消耗相对于其他疾病的程度。

(二)设定原则

(1)DRG 权重是反映不同 DRG 组资源消耗程度的相对值,数值越高,反映该病组的资源消耗越高,反之则越低。

(2)考虑到数据的分布和其他外部影响因素,DRG 权重设定时还需考虑去除特殊数据点、剔除不合理费用、采用作业成本法校正等方法,对初步权重结果进行调整。

(3)DRG 权重调整完成后,应由专家委员会综合评价其合理性,即不同 DRG 组的权重设定是否恰当地系统反映了不同 DRG 组之间技术难度、资源消耗等方面的差别以及医保政策的重点。

(三)基础权重计算方法

1.DRG 基础权重的计算公式

某 DRG 权重=该 DRG 中病例的例均费用÷所有病例的例均费用

2.DRG 组病例例均费用数据来源

(1)历史数据法。采用前 3 年住院病例的历史费用或成本数据计算权重,各 DRG 组权重是每一 DRG 组的平均住院费用与全部病例的平均住院费用之比。由于医疗费用数据比医疗成本数据更易获取，目前大多数 DRG 方案均采用医疗费用历史数据法计算基础权重。

（2）作业成本法。由于当前医疗服务价格存在严重扭曲，医疗服务收费价格不能很好地体现医务人员技术劳务价值，当前实际住院费用的结构并不能真实地反映医疗服务的成本结构，因此，作业成本法按照医疗服务的过程，将住院费用按"医疗""护理""医技""药耗（药品耗材）""管理"分为 5 类，对照国际住院费用不同部分的成本结构，参考临床路径或专家意见确定每个 DRG 各部分比例，进行内部结构调整，提高 DRG 权重中反映医务人员劳动价值部分比例，并相对降低物耗部分比例，然后再使用调整后的费用均值计算 DRG 权重值，因而能比历史数据法更好地反映出医疗服务的真实成本结构。

五、DRG 费率与付费标准测算

（一）基本思路

完成了 DRG 分组后，付费标准测算得首先根据各 DRG 组内例的住院费用与所有病例的例均住院费之比计算并调整各 DRG 权重，然后以调整后 DRG 权重为基础，根据历史数据测算各类试点医院预计 DRG 出院病人数和总权重，并根据医保年度预算基金额度和预期支付比例推算出年度医保病人总费用，再以总权重为系数将年度病人总费用分配到每一权重上，即计算出各类医院的费率。最后根据各 DRG 组的权重和各类医院的费率即可计算出各类医院某 DRG 组的付费标准。

（二）测算方法

在 DRG 权重调整的基础上，各 DRG 付费标准的测算简单而言就是将住院基金预算作为总量，反算为住院总费用后分配到每一权重上，得到费率，各 DRG 依据费用乘以自身权重获得相应的付费标准。主要计算步骤如下。

1.年度住院基金预算

根据实际情况确定进行支付方式改革的医疗机构当年预留的住院基金总量,以此作为总预算。如果当地医保部门有基金预决算科室,则以其基金预算结果为准。如无预算,则用以下公式计算年度住院统筹基金预算。

年度住院统筹基金预算＝本年度基金累计筹集总额(本年度基金筹集总额＋上年度结余基金)－风险金－门诊统筹基金－其他基金(包括住院分娩、门诊大病以及门诊慢病等)。

2.年度住院人次预测

以试点医院前三年住院人次的平均增长率预测改革当年的总住院人次:预测住院人次＝上一年住院总人次×(1＋前三年住院人次的平均增长率)。

3.预测住院总费用

住院总费用的预测,根据不同的情况主要有两种计算方法。

(1)若当地医保报销没有目录外的自费项目,则以实际的住院起付线和报销比例为依据,在住院基金总预算和预测住院人次的基础上预测改革当年的住院总费用:

当年预测住院总费用＝住院基金总预算÷报销比例＋预测住院人次×起付线

(2)若当地医保报销有目录外的自费项目,则根据各地的实际补偿比预测住院的总费用:

当年预测住院总费用＝住院基金总预算÷上一年医保住院实际补偿比

4.计算总权重

总权重的计算不仅要考虑各 DRG 的病例数,还要考虑各 DRG 的权重,实际上是各 DRG 内病例数的加权求和。先计算改革当年各 DRG 的病例数:各 DRG 预测例数＝当年预测住院人次×上年各 DRG 例数÷上年总住院人次。再计算预测当年总权重:预测 DRG 总权重＝$\sum$(各 DRG 预测例数×各 DRG 调整后权重)。

5.计算费率

费率即为分配到每一权重上的可能消耗的住院费用,按以下公式计算:当年 DRG 费率＝当年预测住院总费用÷预测 DRG 总权重。

6.计算付费标准

费率乘以每一DRG组权重即为每一DRG组付费标准。各DRG付费标准=当年DRG费率×各DRG调整后权重

六、DRG结算细则制定与实施

（一）制订结算细则的目的

DRG费率和付费标准规定了每个DRG组给定的费用水平，这个费用水平是包括目录外费用、起付线等自付费用、住院统筹基金支付费用等在内的所有费用，而医保基金对于协议医疗机构实际支付只体现为住院统筹基金支付费用，而这个支付费用如何计算，又如何支付给协议医院，需要各地医保经办机构在DRG结算细则或办法中予以明确。通过制订结算细则，可以对应用DRG结算的范围、编码、特殊病例结算方法、基金结算与拨付方式等内容进行详细规定。

（二）结算细则的主要内容

1.DRG结算的适用范围

（1）应用的业务范围。DRG结算目前暂仅应用于参保人在DRG付费试点定点医疗机构发生的应由医疗保险基金支付的住院费用，由医疗保险经办机构按照DRG付费标准和当前支付政策对定点医疗机构进行结算。参保人的住院待遇按照既定政策结算和享受，暂不受DRG结算的影响。

（2）应用的医疗机构范围。DRG结算细则暂只应用于开展DRG付费试点的所有医疗机构，未开展DRG试点的医疗机构继续延用原有的结算方式和政策。

（3）应用的疾病范围。DRG付费更适用于急性期住院患者，而对住院时间过长，或住院资源消耗与医疗效果关系不密切、有特殊结算政策的病种不适用。如精神病患者、住院时间超过60天的长期住院患者、定额补助的住院分娩患者、日间手术等，一般不采用DRG结算方式，而是采用床日或单病种

付费。

2. 规定疾病诊断和手术操作编码版本

规定本地 DRG 试点结算所使用的标准疾病诊断分类编码（ICD-10）和手术操作编码（ICD-9-CM3）的版本，国家试点结算应全部使用国家医保局制订的疾病诊断分类编码（ICD-10）和手术操作编码（ICD-9-CM3）的版本。

3. 病案数据上传时间及结算流程

结算细则应对出院病例的病案数据上传时间及流程做出规定。一般规定定点医疗机构在医保病人出院后（一般3日内）及时完成病案审核，并及时向医疗保险经办机构上传参保人住院病案首页等相关数据信息，医疗保险经办机构实时反馈 DRG 入组情况，如有异常病案，定点医疗机构可在10个工作日对异常病案数据信息进行修改，数据传输及修改工作须在参保人出院结算医疗费用后10个工作日内完成。

4. 普通 DRG 入组患者基金支付费用计算方法

对于普通 DRG 入组患者，医疗保险经办机构按照 DRG 分组结果进行定点医疗机构住院费用结算，具体计算公式为：

医保基金 DRG 应支付住院费用=$\sum$〔（参保人员住院所属 DRG 组的支付标准－全自费费用－先自付费用－起付线）×政策规定的基金支付比例〕。

5. 特殊病例基金支付费用计算方法

为了鼓励医院收治疑难重症，防止推诿病人和低标准入院等情况的出现，DRG 结算细则对未入组病例、极高费用病例、极低费用病例、低住院时间病例等的认定标准、程序与具体结算办法做出规定。

此部分病例是医保基金监管的重点，需重点审查。

（1）未入组病例。医院初次提交病案未能入组的病例，须由医院对病案重新审核后，在规定的时间内再次提交给分组器进行分组，如仍然不能进入 DRG 分组，则需查明不能入组原因。如属于现行 DRG 分组方案暂未包括的参保人住院病案，在确定新的分组前对其住院医疗费用按项目付费方式进行结算。

（2）费用极高病例。参保病例能入组，但住院总费用高于 DRG 支付标准规定倍数的（一般规定三级医院超过3倍，二级医院超过2倍，各地可自行规定），定义为费用极高病例。为了保证急重症病人得到及时有效的治疗，鼓励医院收治危重患者，此类患者按项目付费方式进行结算。但费用超高结算人次不得超出当期本院出院人次的5%，如超过5%，则按照住院总费用高于DRG支付标准的差额从高到低进行排序，取排序在前5%的人次所对应的费用按项目付费方式结算。

（3）费用极低病例。参保病例能入组，但住院总费用低于DRG支付标准规定倍数的（一般规定为30%，各地可自行规定），定义为费用极低病例。为保证医保基金的使用效率，费用极低病例同样按项目付费方式结算。

（4）其他特殊申请按项目付费患者。定点医疗机构可根据临床需要，向医保经办机构申请部分特殊患者按项目付费，但须严格控制按项目付费的患者数量，按月考核按项目付费的患者数，不得超过总出院人次的3%。拟按项目付费的患者，定点医院须逐例申报，医保经办机构审核通过后方可按项目付费结算。可特殊申请按项目付费结算的参保患者，仅包含以下四种情况：

①急诊入院的危急症抢救患者；②已在医保经办备案的新技术项目。可暂先按项目付费执行一年后，再根据数据进行测算，修订该病种分组的支付标准；③住院天数过长或住院费用过高等特殊情况；④经医保经办机构核准可申请按项目付费的其他情况。

此外，对于住院天数远低于该地平均住院日的低住院天数患者（一般≤4天），为提高基金的使用效率，各地也可自行根据天数选用按比例结算等结算方式。

6.医保基金拨付与清算

医疗保险经办机构与定点医疗机构按照"年度预算、月度预拨、季度考核结算、年终清算"的方式进行医疗费用结算。

（1）试点定点医疗机构实行年度预算管理，按照试点定点医疗机构近年各季费用发生规律，分配各季预算额度。

（2）医疗保险经办机构每季前两月按定点医疗机构当年月度预算额的90%进行预拨。

（3）医疗保险经办机构每季度按照当地《基本医疗保险DRG付费考核表》，对定点医疗机构DRG付费运行情况进行考核。再根据考核情况，按照支付标准和细处细则对定点医疗机构的住院费用进行结算，结算时按定点医疗机构 DRG 结算费用的 10%预留质量保证金。

具体计算公式为：定点医疗机构 DRG 结算费用＝医疗保险基金 DRG 应支付的住院费用＋医疗保险基金项目支付的住院费用

定点医疗机构 DRG 质量保证金＝定点医疗机构 DRG 结算费用×10%

（4）医疗保险经办机构根据 DRG 付费季度和年度考核结果，对定点医疗机构进行年终清算，年终清算可与第四季度结算一并进行。

年终清算金额可以根据考核分值按比例扣除。

七、DRG 监管考核与评价

（一）监管考核的目的与意义

在实施 DRG 付费的过程中，为了保障 DRG 付费能够可持续地运行，避免并遏制可能存在的医疗机构选择轻病人住院、推诿重病人、升级诊断和服务不足等现象，保证参保居民受益水平，医保经办机构应该建立相应的 DRG 付费监管考核制度。DRG 监管考核是对 DRG 试点医疗机构的行为，以及 DRG 实施的过程和结果进行的监督和管理，是确保医疗机构产生期望的医疗行为改变、保证医疗服务质量和合理支付的重要手段。

（二）考核主体和对象

1.考核主体

医保局和医保经办机构为考核主体，负责本地区 DRG 付费方式改革的运行监督，同时负责对各试点医疗卫生机构的住院病案进行阶段性审核，并根据考核办法对定点医疗机构进行阶段考核评估工作，依据考核结果拨付定点医疗机构住院补偿费用。

2.考核对象

各地区开展医保住院按 DRG 付费试点的定点医疗机构均作为考核对象。

（三）DRG 监管考核指标体系

DRG 考核监管指标主要包括组织管理和制度建设、病案质量、医疗服务能力、医疗行为、医疗质量、资源效率、费用控制和患者满意度等。

1. 组织管理和制度建设

通过组织管理和制度建设考核以反映医疗机构是否积极参与到 DRG 付费中，并制定相应的措施以保障 DRG 付费的顺利开展和有效运行。管理制度建设包括：病案管理、临床路径管理、成本核算管理、绩效考核制度建设等配套措施的建立情况的考核。

2. 病案质量

由于病案的质量直接影响 DRG 分组和付费标准测算的准确性，也能反映实施 DRG 付费的医疗机构诊疗规范情况，因此，需从病案首页完整性、主要诊断选择准确率等方面对病案首页质量进行评价。

3. 医疗服务能力

通过对收治病例覆盖的 DRG 组数、病例组合指数值（CMI 值）、住院服务量、转县外住院病人比例等的考核，可反映医疗机构的服务能力，也可作为实施 DRG 付费的不同医疗机构间进行比较的重要指标。

4. 医疗行为

从分解住院率、按照医疗原则收治病人、因病施治、规范住院收费行为等方面考核可能出现的选择轻病人、推诿重病人和让患者在住院前或者住院期间到门诊交费的现象。

5. 医疗质量

从入出院诊断符合率、30 天内返住率、院内感染发生率和平均住院日等方面考核可能出现的升级诊断、服务不足和效率不高等现象。

6. 资源使用效率

从不同医疗机构间 DRG 的时间消耗指数、资源消耗指数比较来反映各医疗机构资源消耗的差异。

7. 控制

从药占比、次均住院费用、实际补偿比和自费项目费用比例等方面考核实施DRG付费后，医疗机构是否主动控制成本，减少不合理的用药和检查，医药费用不合理上涨是否得到遏制，参保居民受益水平是否得到提高。

8.患者满意度

从患者对医疗行为和医疗质量的满意度方面的调查，考核DRG实施后，医疗机构是否存在医疗行为改变、医疗服务质量下降等情况直接导致的参保居民满意度下降。

（四）考核办法和考核周期

1.考核办法

考核以客观资料查阅、复核、随访为主，把日常考核与定期考核有机结合。日常考核以医保经办机构平时工作中收集的违规记录为主；定期考核由医保经办机构组织人员全面实施考核。

2.考核周期

DRG付费运行之初，应每月抽取定点医疗机构的不少于10%的病历进行考核，待运行稳定后，可根据情况实行季度考核或年度考核。

（五）考核兑现与激励

对试点的DRG付费考核坚持"考核与付费"相结合的办法。考核满分为100分，考核满分或合格则拨付全部质量保证金，如考核不合格，根据一定比例扣除应拨付的质量保证金。如每扣除1分，扣除相应比例（如1%左右）的应拨付资金。

在定点医疗机构内部可根据DRG付费结果制定相应的绩效分配办法，根据科室及个人的考核结果，进行绩效分配，从而建立有效的激励机制，确保DRG付费改革的正常运行。

（六）综合监测与评价

1.常规监测

启动DRG付费后，医保经办机构和定点医疗机构应对DRG付费的实施方案的运行效果进行日常监测，主要包括几个方面的监测：一是对病案首页质量和诊疗行为的监测,包括病案首页填写完整性、主要诊断选择正确性和诊疗行为规范性等;二是对付费标准合理性的监测,包括付费标准与实际住院费用的符合程度,不同诊治难易程度病组结余情况等;三是医保住院的常规运行指标的监测,如医疗机构平均住院天数、次均费用、药品费用、收支情况等信息。以月为单位对 DRG 付费进展情况进行常规监测。

2.周期性评价

在常规监测的基础上,可每半年或一年对 DRG 付费改革的实施效果进行周期性评价,从医保住院医药费用的整体情况、医疗行为的改变、医疗质量的保证和参保患者的受益程度和满意度等不同维度进行评价,综合、全面和真实地反映支付方式改革的整体效果。

第三节 按病种分值付费(DIP)

一、DIP 支付方式理论综述

按病种分值付费作为一种在理念和操作方法上符合中国国情,并且能客观反映临床现实的一种本土化医保支付方式,对于发挥医疗保障的合理性、公平性,实现医疗卫生服务的可及性、可负担、安全性有重要作用。

(一)DIP 基本概念和适用范围

1.DIP 的基本概念

DIP 是指利用大数据优势所建立的完整管理体系,发掘"疾病诊断+治疗方式"的共性特征,对病案数据进行客观分类,在一定区域范围内的全样本病例数据中形成每一个疾病与治疗方式组合的标化定位,客观反映疾病严重程度、治疗复杂程度、资源消耗水平与临床行为规范水平。

DIP 使用医保版疾病诊断编码前 4 位和手术操作编码进行聚类,形成主目录,并以一定数量的病例数量作为临界值,将主目录区分为核心病种组,综合病种组。

2.DIP 的适用范围

在宏观层面，DIP 适用于医保治理、基金监管、医院管理等领域。DIP 不仅是一种支付方式，更是一种可用于评价、调控、激发医疗机构内生性动力的管理机制与治理模式。符合公开、透明的现代管理特性，有利于将医疗保障制度改革、医疗卫生服务改革推向纵深。

在微观层面，DIP 主要适用于医疗保险参保人员在定点医疗机构住院发生的医疗总费用的结算。

（二）病种组合的确定

1.数据基础

病种组合是以"疾病诊断＋治疗方式"为组合依据，综合衡量这一组合中的疾病消耗与难易程度，是 DIP 支付的基础构成。其中，疾病诊断的编码系统为医疗保障疾病诊断分类及代码（ICD-10），治疗方式的编码系统为医疗保障手术操作分类与编码（ICD-9-CM-3）。

形成准确、合理、能够相对有效衡量医疗卫生服务成本的病种组合的基础是高质量、大范围的历史数据，其中涉及的数据类别包括参保人的人口学变量及个人基本信息、住院诊疗相关信息、医疗费用结算相关信息。高质量、大范围的历史数据的前提是对采集数据的及时性、完整性、合理性及规范性进行审核，当数据的规范性及合理性出现偏差时，应结合病案数据的实际情况进行逻辑分析并予以校正，对于不能校正的数据应当予以剔除，以降低数据偏差所造成的混杂。

2.DIP 目录库

DIP 目录库是以"疾病诊断＋治疗方式"为组合进行穷举与聚类所形成的基础库，是支撑 DIP 常态化应用的基础，DIP 目录库分为主目录和辅助目录。

（1）主目录。是对疾病与治疗方式的共性特征的凝练，包括主索引及主目录分级，主目录分级分别是三级目录、二级目录、一级目录，主目录是 DIP 目录库的核心构件。

主索引是基于解剖学和病因学对 DIP 建立疾病分类主索引，提升针对主目录中的一级、二级、三级目录的管理效率以及可视化展示效能。

在主目录分级中，三级目录作为基础分组，目的在于将医疗资源消耗相近聚合，形成打包付费的基础，主要用于医保支付、合理补偿的微观层面。二级目录是对三级目录的聚合、收敛、叠加，为诊断相同但治疗方式不同的组合，提供了诊治难易程度的适宜性选择。一级目录为二级目录基础上的再度聚合、收敛，与医疗保障疾病诊断分类及代码（ICD-10）类目的前三位吻合，其现实作用主要聚焦于医保基金的宏观调控。

（2）辅助目录。是通过提取诊断、治疗、行为规范等的特异性特征所得，用于校正疾病严重程度及违规行为所造成的支付失真。

辅助目录具体包括疾病严重程度辅助目录及违规行为监管辅助目录。其中，疾病严重程度辅助目录涵盖 CCI 指数、疾病严重程度分型、肿瘤严重程度分型、次要诊断病种、年龄特征病种。违规行为监管辅助目录涵盖病案质量指数、二次入院评分、低标入院评分、超长住院评分、死亡风险评分。目前，辅助目录为国家 DIP 技术规范中所涵盖的顶层设计，然而对于辅助目录中所涉及的指标及系数等内容，各地市在实际操作过程中存在各自因地制宜的区别。

3.核心病种与综合病种

以例数临界值的方式区分核心病种与综合病种临界值之上的病种作为核心病种直接纳入 DIP 目录库，而处于临界值之下的作为综合病种再次收敛，目前，基于已有的真实病案数据，例数临界值为 15 例。

核心病种是用医保版疾病诊断编码前 4 位（ICD-10）和手术操作编码（ICD-9-CM-3）进行聚类，病例数量大于等于 15 例（临界值）的作为核心病种。核心病种以具体的疾病治疗方式进行详细分组，形成核心病种近 11553 组综合病种（Mixed DIP Grouping Database）是用医保版疾病诊断编码前 4 位（ICD-10）和手术操作编码（ICD-9-CM-3）进行聚类，病例数量小于 15 例（临界值）的作为综合病种。综合病种按照保守治疗、诊断性操作、治疗性操作、相关手术等不同治疗方式性质分别进行聚类组合，形成综合病种 2499 组。

（三）病种分值的确定

1.病种分值的计算方式

病种分值（RW）是每一个病种组合的资源消耗程度所赋予的权值，是疾病的严重程度、治疗方式的复杂程度与疑难程度的相对体现。

计算公式为：$RW_i = m_i/M$

其中，M：全部病例平均住院费用。m_i：第 i 病种组合内病例的平均住院费用，以近 3 年的数据按照时间加权的形式计算该费用均值。如当前年度为 2023 年，则采用前三年历史数据，按照 2020 年：2021 年：2022 年=1：2：7 的比例进行测算。

RW 值越高，反映该病种的资源消耗越高，反之则越低。

依据 RW 值的计算方法与思路可分解测算出 DIP 药品分值及 DIP 耗材分值，其测算公式与上述 RW 计算公式类似，RW 计算公式的分子、分母同时替换为相应的药品费用或耗材费用，以进一步衡量费用结构的合理性，对资源消耗进一步细化评价与分析。

费率是分值的付费标准，费率的计算方法为区域内当年医保基金可用于 DIP 付费的总额除以区域内定点医疗机构年度分值总和。

费率的计算公式为：

费率＝区域内当年医保基金可用于 DIP 付费的总额÷区域内定点医疗机构年度分值总和

在实际运行过程中，要在每一年度结束时才知道每一分值的费率。

2.病种分值偏差与费用偏差病例

RW 值由历史大数据的计算所得，海量数据天然存在校正偏差，反映客观情况的作用。然而，既往处于医疗卫生服务改革阶段的现实数据存在医疗服务价格未能体现劳动价值、医疗卫生服务未能合理补偿等现实问题。以既往历史数据为基础的大数据进行 RW 值计算并挂钩相应医保支付费用，难免会存在一定程度的偏差，合理的校正机制包括：完善专家评议机制及畅通沟通协商机制，合理融入临床专家、医疗机构的意见，动态调整，不断完善。

费用偏差病例包括费用极低病例与费用超高病例。费用极低病例是指该病例所产生的医疗总费用,在该病种上一年度同级别定点医疗机构的次均医疗总费用的50%以下。费用超高病例是指该病例所产生的医疗总费用,在该病种上一年度同级别定点医疗机构的次均医疗总费用的200%以上。

对于费用偏差病例,其支付标准参照如下公式计算:

费用异常病例支付标准=费用异常病例病种分值点值系数×结算点值×病种组合分值

对于费用异常病例病种分值点值系数,费用极低病例与费用超高病例的分值点值系数计算方式有所差异。

费用极低病例病种分值点值系数=该病例医疗总费用÷上一年度同级别定点医疗机构该病种次均医疗总费用

费用超高病例病种分值点值系数=该病例医疗总费用÷上一年度同级别定点医疗机构该病种次均医疗总费用-2+1

(四)DIP与医保基金使用监督

医保部门作为民生保障的重要组成部门,医保基金是全国基本医疗服务最大的支付方,更是全体参保人共济形成的"蓄水池",监督好医保基金的使用关系到全体参保人的切身利益。

《医疗保障基金使用监督管理条例》自2021年5月1日起施行,意味着DIP的支付除了控制医疗费用增长,倒逼医疗机构精细化管理外,更多了一份法律属性。管理条例中明确规定,违反管理条例中明令禁止的行为,将视不同违约情形及违约的轻重程度,依法采取惩治措施:责令整改、约谈有关负责人、依法处分、退回医保基金、罚款、暂停医保服务协议、解除医保服务协议、吊销执业资格,违反其他法律、行政法规的移交相关部门处理等。

管理条例中明确规定,不得产生分解住院、挂床住院,过度诊疗、过度检查、分解处方、超量开药、重复开药、重复收费、超标准收费、分解项目收费等行为,对于上述相关违反管理条例的行为应该引起医疗机构、医疗从业人员的高度警惕。

二、确定本地病种分值与点值计算

病种分值是依据每一个病种组合的资源消耗程度所赋予的权值，反映的是疾病的严重程度、治疗方式的复杂与疑难程度。病种的分值越高，代表着该病种的诊治难度越高，所消耗的医疗资源越多。大型医疗机构通过收治疑难危重患者后所获得的医保统筹基金的补偿也相应越多，降低了过去按人次均等额结算下推诿危重病人的可能。

确定本地病种分值的环节，可考虑聘请专业技术机构协助开展相关工作，如国家医疗保障局所属科研单位。

（一）明确病种分值的计算方法

病种分值的计算是对不同出院病例进行标化的过程，利用计算出的分值可实现对医院医疗服务产出的评价与比较，并形成支付的基础。目前计算的思路基本相同，即采用权重的思想比较某一病例费用与平均水平的差异，体现其资源消耗程度，但在基准的选择上各地做法略有不同。

一种是以区域内住院平均医疗费用为基准计算分值。根据《技术规范》的规定，病种分值的计算方法具体为：

（1）计算每个病种组合的平均费用。一般而言，病种越严重、所采用的技术越先进，平均医药费用越高；

（2）计算本地所有出院病例的平均费用；

（3）计算病种分值，即某病种组合平均医药费用与所有出院病例平均医药费用的比值。具体计算公式为 $RW_i=m_i/M$，其中，M 为全部病例平均住院费用；m_i 为第 i 病种组合内病例的平均住院费用，为综合反映历年疾病及费用的发展趋势，以近 3 年的往期数据按照时间加权的形式计算该费用均值，越近的年份权重越高，即采用前三年历史数据，测算比例为 1：2：7。

另一种是以基准病种的次均医疗费用为基准计算分值。此种做法在《经办管理规程》中有所提及也有地区实践，具体做法为首先选择本地普遍开展、临床路径明确、并发症少、诊疗技术成熟且费用相对稳定的某一病种作为基准病种，例如腹腔镜下阑尾切除术等；然后利用历史费用数据测算基准病种的次均住院费用并赋予其相应的分值；最后，根据各病种及基准病种的历史医疗费用数据分别计算出各病种标准分值。计算公式为：各病种标准分值＝各病种次均住院费用/基准病种次均住院费用×基准病种分值，其中次均住院费用也可采用时间加权的形式计算费用均值。

（二）建立病种分值校正机制

分值确定主要通过各病种医疗费用历史数据比值关系所确定，因此难免存在偏差。为保障医保支付的公平合理，纠正历史费用数据中的偏差，提高支付精确度，还需建立相应的病种分值校正机制，主要包括辅助目录分值调整机制、偏差病例校准机制、费用结构与临床路径校准机制等。

1.建立辅助目录分值调整机制

辅助目录是在主目录基础上基于年龄、并发症等因素对病种细化分型，在确定病种分值时也应根据分型对医疗费用设定各辅助分型的调整系数。即建立辅助目录分值调整机制，在病种标准分值的基础之上根据细化分型病种的平均费用与区域内住院平均医疗费用或与基准病种次均医疗费用之间的比例对其病种分值予以调整校正。

2.建立偏差病例校准机制

由于病种分值库的测算及建立基于近三年的实际数据，存在的病案编码不准确等问题，导致部分病例病种分值与实际费用完全不相符，存在逻辑上的不合理时（例如，同一诊断下双侧手术分值低于单侧手术分值），对于可统一分值的病种，通过病种例数加权统一成相同分值；对于实际医疗费用严重偏离病种分值的病种，即病例医疗总费用与该病种上一年度同级别定点医疗机构次均医疗总费用偏差超出一定比例的，可引入第三方机构或专家组分析测算病种结算数据，对病种费用情况科学论证后做出客观真实的分析与评价，排除异常费用，重新计算调整病种分值，使其符合实际。

3.建立费用结构与临床路径校准机制

病种分值的计算思路与方法可快速推广至细分的医药费用结构，形成针对每一病种组合中药品及耗材的标化单位，对资源消耗进行结构评价。而临床路径是病种费用的形成和构成基础，规范临床路径是建立合理确定付费标准的重要保障和加强医保基金精细化管理的必要之路，因此在 DIP 发展的过程中还需建立费用结构与临床路径校准机制。具体来说，可根据费用结构离散程度选择重点类别监控病种并结合临床路径，通过专家评议和医保医院协商沟通的方式校正病种分值。

（三）点值计算方法

DIP 点值的基本思路是通过年度医保可支付基金额、医保支付比例及 DIP 病例年度分值总和计算点值，再根据每一个病种组合的分值形成付费标准。由于采用的是区域点数法总额预算下的 DIP，因此年度医保可用于 DIP 支付的基金受到区域总额预算以及基金分配方法的影响，而 DIP 病例年度分值总和则是由病例总数、医院等级系数、异常病例等因素决定。

1.总额预算及基金分配

（1）年度 DIP 医保基金支出总额预算的确定

统筹地区要按照"以收定支、收支平衡、略有结余"的基本原则，以保障参保人基本医疗需求为前提，综合考虑各类支出风险，统筹考虑年度基金收入、物价水平、参保人医疗消费行为和人数变动，以及政策调整和待遇水平等因素制定年度基金支出增长率，合理确定医保基金预算支出总额，不再细化明确各医疗机构的总额控制指标。

在年度基金支出预算的基础之上，根据医保基金支出的历史数据测算确定分类支出预算，即将总额预算分解成几大类服务类别预算，通常包括住院医保基金预算支出、特殊疾病门诊医保基金预算支出、普通门诊医保基金预算支出、异地就医医保基金预算支出风险调剂金等。在确定的年度住院医保基金预算支出基础上，扣除区域调节金、不纳入 DIP 结算等费用确定年度 DIP 医保基金支出。在确定 DIP 支出预算时，地方还应综合考虑当地门诊和住院统筹基金支出总额预算之间的结构关系，做好建立健全门诊共济保障机制的预算引导。

针对部分地区的其他改革政策来说，一是同时开展了 DRG 和 DIP 两项支付方式改革，或者除 DIP 之外还有按床日付费等支付方式改革探索的，建议仍然采取区域点数法总额预算，在制定年度住院统筹基金支出总额预算的基础上，将所有支付单位转化为点数，确定各自的支出预算。不具备条件的地区，也可按照各自历史费用的结构对预算进行切块确定。二是开展县域医共体建设试点的地区，在确定病种分值目录库时应将医共体的病例数据纳入全盘考虑，而在确定 DIP 支出预算时可将医共体住院预算单独打包切分，并在把切分完的预算给到医共体后加强对其的监督考核，同时明确医共体内参保者到县域外就医应按照全市 DIP 的付费标准由医共体负责结算支付。

（2）明确调节金预留规模与使用方法

实行 DIP 地区可根据地方实际设立统筹地区年度按病种分值付费调节金（以下简称区域调节金），主要用于年度清算时合理超支分担。对于调节金的预留首先需理顺与风险备用金、其他预留资金之间的关系，目前主要做法有两种：一是单独设立区域调节金，按照可用于年度 DIP 医保基金支出总额预算的一定规模（5%或 10%）提取，用于年度清算时合理超支分担。二是从原有的风险备用金中划拨一部分作为区域调节金，划拨时还需综合考虑 DIP 预算外其他预算支出超支的情况以及由国家医保政策等因素导致的超支情况（例如，国家谈判药品费用超支情况等）。而在调节金的使用时，需综合考虑各类超支的情况，设置合理超支分担的范围以及医保和医疗机构的分担比例，同时加强对合理超支补偿的监督管理，完善监督考核评价指标和监管规则，在调动医疗机构收治危重患者和使用新技术积极性的同时，提升医保监管的科学性。此外，年度内因相关重大政策调整、重大公共卫生事件、自然灾害等特殊情形发生需要调整 DIP 医保基金预算支出或区域调节金的，由统筹地区根据实际情况调整。

2.设定医疗机构等级系数

医疗机构等级系数是指按病种分值付费政策下为体现不同类别和等级医疗机构之间医疗水平、医疗资源消耗程度差异而确定的医疗机构等级系数，可视为不同医疗机构收治参保住院患者时综合资源消耗的比例关系。

在 DIP 中引入医疗机构等级系数主要是为了合理补偿在现行定价体系下各等级医疗机构之间的成本差异，促进 DIP 改革的顺利过渡。具体方法可包括等级系数法、基本系数和加成系数结合法以及病种医疗机构等级系数法等。其中，等级系数法是指综合考虑各定点医疗机构级别、类型、病种次均基本医疗费用的客观差异以及医保部门对医疗机构进行绩效考核情况等综合因素确定不同医疗机构系数。如将三级医疗机构系数设为1，把其他医疗机构病种费用与三级医疗机构比较形成不同档次的系数。若部分地区三级医疗机构数量较少，可考虑以二级医疗机构的费用情况作为基准，通过比例关系设置各级医疗机构的等级系数。

基本系数和加成系数结合法则是指对于市内定点医疗机构数量多的地市，不同医疗机构在为参保人病情提供医疗服务过程中所消耗的医疗资源、重点专科建设特色等方面存在较多的差异性，因此，在确定医疗机构系数过程中除了确定基本的等级系数外，还需引入一些其他的指标作为加成系数。以广州为例，在制定医疗机构等级系数时就采用了基本系数和加成系数结合法，其中，基本系数用于体现不同级别医疗机构不同资源消耗水平，加成系数则用于多维度调节费用，主要通过与医院沟通，同时考虑与历史费用之间的关系。目的在于引导医疗机构回归功能定位，从"多劳多得"向"优劳优得"转变，并保障特殊人群的就医需求。具体做法为：一是设定基本系数，将三级定点医疗机构基本系数设置为1，其他级别基本系数以相同病种（不含综合病种）的实际费用和三级机构的比例关系确定。二是设定加成系数，相关指标包括医保分级管理等级评定、CMI、老年患者比例、儿童患者比例、重点专科/登峰计划和频繁转院患者比例（负向指标）。三是最终确定医疗机构等级系数，医疗机构等级系数＝基本系数×（1＋加成系数）。

病种医疗机构等级系数法是指针对每个病种对各级各类医疗机构设定不同的医疗机构系数。该做法能够较好体现不同病种的特点和差异性，设定更加科学合理，但流程较为复杂，需要较成熟的信息系统支持，暂不建议试点地区完全采用，但可将相同的逻辑用于基层病种的设定。根据国家医疗保障局制定的《区域点数法总额预算和按病种分值付费试点工作方案》，对适合基层医疗机构诊治且基层具备诊治能力的病种，制定的病种分值标准在不同等级医疗机构应保持一致。也就是说，地方可根据本地实际情况，选定一定数量的基层病种，在支付时不再考虑医疗机构等级系数。但在设置基层病种时，也需考虑当地基层医疗机构的发展状况，在保障患者就医需求的前提下进行。

最后，在《经办管理规程》中还提出要建立定点医疗机构等级系数动态调整机制，综合考虑定点医疗机构的级别、功能定位、医疗水平、专科特色、病种结构、医保管理水平、协议履行情况等相关因素，设定医疗机构等级系数，区分不同级别、不同管理服务水平的医疗机构分值并动态调整。随着试点进程的推进，应逐步缩小各医疗机构的等级系数差异直至取消该系数，以促进实现区域内的"同病同价"支付。

3.异常病例的处理规则

异常病例主要是指病例医疗费用低于或高于病种付费标准且超过一定范围的病例，应对其付费标准进行校正。

一是费用超低病例，即费用低于病种组合付费标准50%的病例，处理方法通常为据实支付，按照该病例实际医疗费用进行分值折算，计算公式为：该病例分值＝该病例实际医疗费用/上一年度同级别定点医疗机构该病种均次医疗费用×该病种的病种标准分值。

二是费用超高病例，即费用超过病种组合付费标准2倍以上的病例，处理方法通常会在按病例实际医疗费用进行分值折算后进行一定的扣减得出相应的支付分值。计算公式如下：

该病例分值＝〔（该病例实际医疗费用/上一年度同级别定点医疗机构该病种均次医疗费用－倍数标准）＋1〕×该病种的病种标准分值

三是极端异常病例或又称特殊病例，还需建立特殊病例评议机制。根据《经办管理规程》，特殊病例是指住院天数明显高于平均水平、费用偏离度较大、ICU住院天数较长或者运用新医疗技术等病例；处理方法为定点医疗机构可提出按特殊病例结算的申请，积累到一定例数后赋予分值，经专家评议和与医疗机构协商谈判后合理部分医保基金可予以支付。

4.DIP点值的计算

DIP的点值根据数据来源和适用场景分为预算点值和结算点值。DIP预算点值在每年年初确定，基于该支付方式覆盖的住院总费用，建立医保资金的预估模型、支撑医保基金全面预算管理，是定点医疗机构落实医保过程控制的重要指标；DIP结算点值在每年年终或第二年年初确定，以医保总额预算为前提，用于计算付费标准，与定点医疗机构进行年度清算。

(1) DIP 预算点值计算

DIP 预算点值的计算是基于前几年（通常为三年）的住院总费用，同时考虑区域服务人口、区域疾病谱以及医保总额资金可能出现的变化，计算预算阶段的点值均值，并以优质区间测算的方法精准测算预算点值，形成预估付费标准，作为预算编制的基础、过程控制的标准以及预付预扣的参考。

计算公式为：

预算点值均值＝加权平均年度住院总费用/∑（DIP 分值×对应病种病例数量）

其中，有一重要概念为优质区间的预算点值测算，其功能是利用一维或二维工具形成对资源过度利用的校正，减少了往期病案数据中过度服务导致的不合理费用影响，形成 DIP 的对标标准，实现对医疗机构收入或成本的客观评价。具体来说，一维角度以低于每指数点值地区均值的区段作为优质区间，利用该区间的加权平均值作为预算点值；二维角度根据各医疗机构标化后的收入与成本建立比较关系，以每指数点值和每指数成本的地区均值为坐标系，以每指数点值低、每指数成本低且收入能覆盖成本的医疗机构集中的区域作为优质区间，利用该区域的几何中心（距离象限区域中所有的点的距离之和最小的点）作为预算点值而远离优质区间加权平均值或几何中心的医疗机构，每指数点值偏高或每指数成本偏高，表明在一定程度上存在医疗行为不规范、医疗收费不合理、成本控制不理想的现象。

(2) 结算点值计算

DIP 结算点值基于当年医保支付总额与医保支付比例核定年度住院总费用，并结合年度 DIP 总分值，计算结算阶段的点值均值，形成 DIP 付费标准。

计算公式为：

结算点值均值＝（当年医保基金可用于 DIP 付费总额/医保报销比例）/∑（DIP 分值×对应病种病例数量）

结算点值通过年度总费用与总指数形成，包含医保病人、自费病人和非本地医保人群及费用，核定定点医疗机构实际医疗费用水平及结构。在此基础上通过建立点值的自费、自付等结构标准，以有效监管医疗机构对医保与非医保之间的费用转移，避免加重患者负担。

第八章 长期护理保险

探索建立长期护理保险制度，是应对人口老龄化、促进社会经济发展的战略举措，是实现共享发展改革成果的重大民生工程，是健全社会保障体系的重要制度安排。建立长期护理保险，有利于保障失能、半失能人员基本生活权益，提高失能、半失能人员的生存质量，让他们体面、有尊严地生活。

第一节 长期护理保险制度

一、概念

长期护理深险制度是指由于年老、疾病、意外事故等原因造成个人自主活动能力障碍、需要得到日常生活照料、健康护理和精神问题等服务的制度安排。

1.明确主体责任

随着经济发展、社会进步，人体寿命逐步延长，家庭护理的压力越来越大，要求各国政府建立长期护理保险制度。

1968年1月1日，荷兰开始建立长期护理保险制度。1988年4月1日，以色列开始组织实施《社区长期护理保险法》，建立了长期护理保险制度。1995年1月1日，德国开始实施《社会抚养保险法案》，在法定医疗保险的基础上建立长期护理保险制度。1998年，卢森堡建立了长期护理保险制度。2000年4月，日本开始实施《长期护理保险计划》，建立了长期护理保险制度。此后，如英国、奥地利、瑞典等也相继建立了长期护理保险制度。

2.明确任务目标

建立长期护理保险制度的目的是提高失能、半失能人员的生存质量。建立长期护理保险制度的目的：保障不具备自主生活能力的人能够继续获得较高的生活质量，以最大限度地获得独立、自主、参与和满足。

3.明确保障对象

各国长期护理保险制度的保障对象也存在不同，有的国家保障对象是公民中残疾、失能、半失能的人员，有的保障对象是老年人口中的失能、半失能人员。有的保障对象确定为"追随医疗保险"的原则，其保障对象是参加医疗保险的公民，主要保障中低收入人口中各年龄段中的失能、半失能人员。

二、特点

长期护理与养老服务或医疗服务相比，具有以下 3 个显著特点。

第一，长期护理待遇享受持续时间长。失能半失能人员享受长期护理保险待遇时间较长，通常至少持续 3 个月。这不同于急性疾病的护理或疾病治疗后的短期延续性护理。

第二，长期护理主要侧重于功能的维持，功能恢复的可能性小。长期护理保险旨在为失能、半失能、失智、半失智的人提供支持性服务，尽可能维持其生理功能，保证生活质量，而不在于治疗或治愈。

第三，长期护理包含了社会服务和医疗护理。社会服务既包括做饭、购物、清洗等工具性日常生活能力协助，也包括协助进食、洗澡、移动、如厕等日常生活能力协助；医疗护理则包括基础护理和专业护理。由于社会服务中的日常生活能力协助和医疗护理中的基础护理部分有较大重合，导致服务边界往往难以切割清楚。

三、风险因素

第一，长期护理风险从个体层面向家庭和社会层面延伸。当个人因年老、疾病或伤残等原因导致自理能力缺失时，首先是一种个人风险。其次，长期护理的个人风险往往需要整个家庭承担，这样，就外溢到家庭层面。最后，当失能老人数量激增，个体和家庭无法很好应对时，长期护理风险便成为一种潜在的社会风险。

第二，长期护理风险发生与年龄相关。与疾病风险相比，长期护理风险的发生与年龄的相关性更高。随着年龄增长，患慢性病比例和失能比例增加，长期护理需求增高。

第三，长期护理风险发生率低但持续时间长、费用高。就个人长期护理需求的发生次数而言，长期护理风险的发生率低，往往个人一生中面临一次长期护理事故，但一旦发生，可能会持续至生命终结，其花费要比医疗费用高出许多。

四、功能和意义

（一）长期护理保险的功能

1.具有分散长期护理风险的功能

社会长期护理保险本质上是将长期护理保险费集中起来建立长期护理保险基金，用于支付长期护理保险合同规定范围内长期护理服务费用的一种社会保障制度。其宗旨是保障广大劳动者的基本长期护理需求，同时减少不合理的长期护理费用支出，使长期护理保险基金真正用于参保人的长期护理服务，从而达到保护生产力，促进社会经济持续、稳定、高速发展以及维护社会安定的目的。商业长期护理保险是为消费者设计的，对其在发生长期护理时发生的潜在巨额护理费用支出提供保障，其本质也是一种风险共担，只是不具备强制性。

2.具有整合长期护理资源的功能

长期护理保险制度的本质是长期护理资源的整合。长期护理服务供给具有跨部门、跨领域、碎片化的特点，而系统化的长期护理保险制度设计将起到整合长期护理资源的作用。

3.具有提高长期护理组织效率的功能

通过保险公司参与、第三方运作等新型模式的探索，提升长期护理服务的组织和递送效率；通过信息技术、互联网+等平台支撑，实现服务供给精准化、市场化、规模化，提升服务质量和效率。

（二）长期护理保险的意义

1.减轻经济负担

对于已经退休的老人来说，长期照料的成本高，很多家庭难以承受沉重的经济负担。长期护理保险制度的实施，有助于减轻失能、半失能人员及其家庭的经济负担。

2.满足长期护理需求

随着人口老龄化的发展，失能、半失能人员的长期护理需求日益增强。长期护理保险制度的建立，能够满足失能、半失能人员的长期护理需求，能有效提高失能、半失能人员的生活质量。

3.化解社会风险

提高社会的劳动生产率，促进生产的发展，化解社会风险，促进社会安定、文明与进步。

第二节　资金筹集

长期护理保险资金的筹集是这项制度实施的基础，资金筹集通常需要法律法规制度的强力推动。

长期护理保险资金的筹集主体主要有政府、用人单位和个人，这三个主体承担的责任不同，长期护理保险资金的筹集模式也不同。

一、政府全额负担

由政府承担长期护理保险资金的筹集责任，资金主要来自财政拨款。此模式的长期护理保险，通常是由政府采取购买服务的方式提供长期护理服务的。例如，英国、瑞典、丹麦、挪威等欧洲福利国家就采用这种负担方式。

二、用人单位和个人负担

长期护理保险资金主要来源于用人单位、个人的缴费，其缴费的基础是个人的工资。这些国家大多颁布了相关的长期护理保险法律法规，实施社会化筹资。例如，德国、日本、韩国等国家就采取这种筹集方式。

三、个人全额负担

个人购买商业长期护理保险产品也是长期护理保险筹资的一种方式。保险公司通常根据社会需求设计适应市场需求的长期护理保险产品，个人自愿投保商业长期护理保险。但商业长期护理保险具有商业长期护理保险产品的价格较高、作用力度有限、依赖于政府监管的弊端。

四、用人单位、个人、政府和合作付费共同承担

这种资金筹集模式即多元化的筹集模式，即资金既有用人单位缴纳的部分，也有个人缴纳的部分，同时有政府筹集部分和捐赠部分。例如，荷兰就是这种模式。

五、从医疗保险资金中划拨长期护理保险资金

一些国家的长期护理保险与医疗保险制度合并在一起，统称健康保险制度，统一实施，不设置长期护理保险筹资渠道，而是依托于原有的健康保险制度、按照一定比例或标准从医疗保险资金中划拨资金，用于支付参保人的长期护理服务费用。在这种筹资方式下，健康保险的纳税（或缴费）率很高。法国就是采用这种模式的国家。目前，我国试点实施的长期护理保险制度中，

有些地区就从医疗保险资金中划拨长期护理保险资金。

第三节 我国长期护理保险制度的试点和发展

一、长期护理保险制度试点

（一）长期护理保险雏形

1951年8月，发布《关于城市救济福利工作报告》，规定城市救济的保障对象主要是无依无靠的城镇孤寡老人、孤儿或弃婴、残疾人等。在这些救助人员中，失能、半失能人员主要由社会救助提供现金补贴或长期护理服务。随着经济的发展，我国长期护理保险保障的对象也从"三无"老人扩展到所有需要护理并能够自己负担费用的老年人，主要包括三类人群："三无"老人或其家庭为国家做出过特殊贡献的老人、需要护理的老年人。

（二）长期护理保险探索

探索建立长期护理保险制度，是应对人口老龄化、促进社会经济发展的战略举措，是实现共享发展改革成果的重大民生工程，是健全社会保障体系的重要制度安排。

2006年12月，中共中央、国务院发布《关于全面加强人口和计划生育工作统筹解决人口问题的决定》，提出了探索建立长期护理保险等社会化服务制度。

2011年12月，国务院办公厅发布《社会养老服务体系建设规划（2011—2015）》规定，要求有条件的地方，可以探索实施老年护理补贴、护理保险，增强老年人对护理照料的支付能力。

2012年7月1日，青岛市正式实施《关于建立长期医疗护理保险制度的意见（试行）》，标志着长期护理保险制度在我国开始建立。2012年8月，青岛市人力资源和社会保障局、财政局、民政局联合发布《关于印发〈青岛市人力资源和社会保障局长期医疗护理保险实施细则（试行））的通知》，对业务申办流程、结算管理、定点护理机构的基础管理、财务管理等做出了规定。

2013年9月，国务院出台《关于加快发展养老服务业的若干意见》规定，积极建立以居家为基础，以社区为依托，以机构护理为支撑的，功能完善、规模适度、覆盖城乡的养老服务体系。2013年9月，国务院发布《关于促进健康服务业发展的若干意见》规定，积极开发长期护理保险，鼓励发展康复护理、老年护理、家庭护理等适应不同人群需要的护理服务，提高规范化服务水平。

（三）长期护理保险试点

我国高度重视长期护理保险制度建设。习近平总书记提出"要建立与相关保险和福利及救助相衔接的长期护理保障制度"。2016年6月，人力资源社会保障部发布《关于开展长期护理保险制度试点的指导意见》（人社厅发〔2016〕80号），开始长期护理保险试点，选择河北省承德市、吉林省长春市、黑龙江省齐齐哈尔市、上海市、江苏省南通市、苏州市、浙江省宁波市、安徽省安庆市、江西省上饶市、山东省青岛市、湖北省荆门市、广东省广州市、重庆市、四川省成都市、新疆生产建设兵团石河子市作为试点城市，选择吉林和山东两省作为国家试点的重点联系省份。

从15个试点的推进情况看，长期护理保险在解决失能人员的服务供给、财务压力等方面起到了重要作用，特别是为低收入的重度失能人群提供了基本的保障，维护了社会稳定，同时也为照料经济的发展提供了支撑。

经过三年多的试点，各地在筹资模式、待遇支付、基金管理、经办服务等方面都进行了积极探索，摸清了问题，积累了经验，拉开了推进长期护理保险制度建设试点的序幕。

2016年8月，中国保险监督管理委员会印发《中国保险业发展报告》，鼓励多种形式的商业长期护理保险，积极参与长期护理保险制度建设和试点工作。

2016年10月，国务院发布《"健康中国2030"规划纲要》提出"健康老龄化"的概念，将老年人作为重点关注的人群，从完善长期护理服务体系、建立多层次长期护理保障、商业保险公司推出相关产品及管理模式创新、护理人才培养等方面对长期护理服务体系的建设做出战略部署。

2017年7月，国务院办公厅发布《关于加快发展商业养老保险的若干意见》，以提高发展质量和效益为中心，以推进供给侧结构性改革为主线，以应对人口老龄化、满足人民群众日益增长的养老保障需求、促进社会和谐稳定为出发点，提升长期护理保障的能力。

附表：各试点城市长期护理保险制度推进时间表

试点城市	相关文件发布时间	制度实施时间
青岛市	2012年6月	2012年7月
长春市	2015年3月	2015年5月
南通市	2015年10月	2016年1月
上饶市	2016年12月	2016年11月
荆门市	2016年12月	2016年11月
上海市	2016年12月	2017年1月
承德市	2016年12月	2017年3月
安庆市	2017年1月	2017年1月
成都市	2017年2月	2017年7月
石河子市	2017年3月	2017年1月
苏州市	2017年6月	2017年10月
齐齐哈尔市	2017年7月	2017年10月
广州市	2017年7月	2017年8月
宁波市	2017年9月	2017年12月
重庆市	2017年12月	2017年12月

注：吉林省、山东省是国家试点的重点联系省份

（四）长期护理保险稳步推进

在前期试点基础上，2019年政府工作报告提出"扩大长期护理保险制度

试点"。据此，国家医保局出台了《关于扩大长期护理保险制度试点的指导意见》（医保发〔2020〕37号），在已有试点基础上，新增以下14个试点城市，北京市石景山区、天津市、山西省晋城市、内蒙古自治区呼和浩特市、辽宁省盘锦市、福建省福州市、河南省开封市、湖南省湘潭市、广西壮族自治区南宁市、贵州省黔西南布依族苗族自治州、云南省昆明市、陕西省汉中市、甘肃省甘南藏族自治州、新疆维吾尔自治区乌鲁木齐市。这样，长期护理保险工作的试点已经扩展到全国所有省（自治区、直辖市）。自此，长期护理保险在全国范围内积极稳妥地推进。

二、长期护理保险制度试点坚持的原则

我国长期护理保险制度在试点实施的过程中应当坚持的原则主要有以下几个方面。

（一）坚持以人为本的原则

长期护理保险制度在试点中着力解决残疾、失能、半失能人员的长期护理问题，提高人民群众的生活质量。

（二）坚持保障基本的原则

根据当地经济发展水平和各方主体的承受能力，合理地确定长期护理保险的保障范围和待遇标准，坚持保障残疾、失能、半失能人员基本生活的原则，提高他们的生存质量。

（三）坚持责任分担的原则

遵循权利和义务对等的原则，多渠道地筹集资金，合理地划分筹资义务和保障责任，坚持合理分担责任的原则。

（四）坚持统筹协调的原则

做好长期护理保险制度与医疗保险、养老保险、社会救助、社会福利制

度保障功能的衔接，协同推进健康产业和护理服务体系的发展。

三、长期护理保险制度的目标

探索建立以社会互助共济的方式筹集长期护理保险资金，为长期失能、半失能人员提供基本生活照料和医疗护理服务。

（一）长期护理保险制度的任务

探索长期护理保险保障范围、参保缴费、待遇支付等内容；探索建立失能、半失能等级评定等管理办法；探索建立各类长期护理服务机构和护理人员服务质量的评价、协议管理和费用结算办法；探索建立长期护理保险服务规范和运营的机制等。

（二）护理服务形式

长期护理保险的护理服务形式，可以分为以下4种：家护、院护、专护、巡护。

家护，即居家护理。由具备资质的社区护理机构的医护人员登门实施医疗和护理。

院护，即机构护理。由入住老年护理院或医养结合的养老机构向失能人员提供医疗和护理。

专护，即医院专护。一般护理机构因设备或技术条件难以收住的部分病情危重或特殊的失能患者，由入住二级以上定点医院专护病房提供专业医疗护理。

巡护，即定期巡诊（护）。不具备享受家护条件的失能参保人或者在医疗护理资源不足的农村地区，由社区护理机构或村卫生室提供的定期巡诊（护）服务。

（三）各地区长期护理保险制度比较

当前，我国在长期护理保险制度的顶层设计上确定了基本原则和基本政策，但在具体政策和实施路径等设计上给各地留下了探索空间，各地结合自身实际情况开展了各具特色的探索。

1.保障范围不同

《指导意见》指出："长期护理保险制度以长期处于失能状态的参保人群为保障对象，重点解决重度失能人员基本生活照料和与基本生活密切相关的医疗护理等所需费用。试点地区可根据基金承受能力，确定重点保障人群和具体保障内容，并随经济发展逐步调整保障范和保障水平。"

因此，从政策制定的初衷来看，保障对象重点为重度失能老年人的基本照护服务需求，同时兼顾其他因疾病、残疾、失智等原因造成重度失能的人员，并通过分步骤、分阶段地推进，将长期护理保险的保障范围逐步扩大。

在试点初期，试点城市普遍选择以重度失能老人为保障对象，如成都市、承德市等地目前都仅覆盖重度失能人员，其中上饶市将因失智导致的重度失能人员也作为保障对象，青岛市从2017年1月起将重度失智老人纳入保障范围。部分地区则根据自身情况调整了保障范围。

2.参保范围不同

不同地区长期护理保险制度的参保范围不同。在长期护理保险试点实施的过程中，一些统筹地区根据自身的经济状况，首先覆盖城镇职工基本医疗保险的参保人群，如宁波市、长春市等地区；一些统筹地区不仅覆盖城镇职工，而且覆盖城乡居民，如上海市、青岛市等地区。

3.资金筹集不同

大多数统筹地区通过优化职工基本医疗保险统筹基金的结构、划转职工基本医疗保险统筹基金结余、调高城镇职工基本医疗保险缴费费率等途径筹集资金。筹资标准根据当地经济发展水平、护理需求、护理服务成本、保障的范围和水平等因素，按照以支定收、收支平衡、略有结余的原则合理地确定。从筹资机制看，资金筹集模式正在从单一筹资模式向多元化筹资模式转变。

4.待遇支付标准不同

机构护理、居家护理，是各试点地区普遍采用的护理方式。实践中往往通过采取差别化的支付政策，以个人负担责任的不同引导资源的合理利用，总体基金支付水平目标在 70%左右。各地受经济因素影响，待遇支付标准有所不同。以广州市为例，失能人员在护理机构发生的生活照料费用或核定的医疗护理费用由长期护理保险基金按比例支付 75%；失能人员在家庭发生的居家护理费用由长期护理保险基金按比例支付 90%。

5.评估标准不同

目前，被国际广泛使用的评估标准主要包括《日常生活活动能力评定量表（即 Barthel 指数评定量表）、世界卫生组织医疗分类组的国际功能/残疾和健康分类系统（ICF）以及 interRAI 照护评估系统。在已经建立长期护理保险制度的国家中，大多数都确定了统一的、与自身国情和制度相适应的长期护理保险评估鉴定和等级划分标准。

目前，我国长期护理保险还处于初级探索阶段，由于数据基础缺乏、实践经验不足等原因在全国范围内尚未能够建立统一的长期护理保险失能评估体系，故各地在试点过程中采用的鉴定标准也各有不同。其中青岛、南通、承德等大部分地区往往采用《日常生活活动能力评定量表》作为鉴定标准。虽然《日常生活活动能力评定量表》操作简便，但其仅包含对日常活动方面的调查，没有涵盖智力、社交、情感等重要因素，难以较全面反映个人失能状况。因此，上海、苏州、成都等部分地区着手建立了本地化的评估标准体系。

6.评估主体不同

失能等级评估，应由与被评对象和医疗保障部门均不具有利益关系的专业评估机构或研究机构充当"第三方"，保证评估行为独立性、专业性、权威性的要求。

由于我国社会化评估运行机制尚未建立，在评估标准、评估机构和评估人员资质上都有所不足，因此，当前各试点地区的评估主体各不相同。

根据失能等级评估主体的不同可以将各试点地区分为 3 类，一是依托劳动能力鉴定中心进行评估，如荆门市；二是成立含多部门的资格评估委员会进行评估，如成都市；三是委托第三方评估机构进行评估，如苏州市。

7.经办管理不同

医疗保险经办机构在长期护理保险制度运行中扮演的角色不尽相同，主要包括以下两种：一是经办机构负责长期护理保险运行的各项经办管理工作；二是通过购买服务的方式，委托具有资质的商业保险公司具体承办。

《指导意见》指出："积极发挥具有资质的商业保险机构等各类社会力量的作用，提高经办管理服务能力。"当前，在政府"简政放权""管办分离"的背景下，大多数试点城市均选择引入商业保险机构参与经办管理服务。

四、我国长期护理保险制度运行中存在的问题

尽管长期护理保险制度的启动实施以来，缓解了广大失能、人员的护理需求，但是，截至目前，仍然存在许多问题和不足。

（一）总体发展滞后

医疗专护一直难以开展，原因就是住院治疗医疗费用收入高，长期护理保险收入相对低廉，医疗机构开展长期护理保险的积极性不高。开展家护，需要派工作人员到患者家中进行护理，成本较高，开展起来有很大难度。受传统思想影响，"家庭养老""养儿防老"等传统观念根深蒂固，许多老人虽然有专业护理需求，但是仍然不愿意去养老机构或护理机构接受长期护理服务，往往更加希望子女在身边照顾，更希望来自家庭的亲情和关怀。

（二）长期护理机构数量有限

随着长期护理保险制度的试点、启动，成立了一些长期护理机构，尤其是涌现出了一大批民营护理机构，但是，与庞大的老年人群相比，护理机构提供的服务仍然难以满足老年人的需求。

（三）长期护理服务人员短缺

目前，尽管涌现出一大批长期护理机构，但是，护理机构内部的长期护理人员，还存在专业性差、素质低、护理知识缺乏、收入低、流动性大等问题，严重影响了护理质量的提高和长期护理保险事业的高质量发展。

（四）长期护理保险的筹资机制缺乏稳定的来源

截至目前，广大地区长期护理保险基金的筹集渠道主要依托基本医疗保险统筹基金划拨，少数城市还来源于福利彩票和财政补贴，极少数城市要求参保人缴费。且各地长期护理保险资金的筹资标准也不同。

五、解决长期护理保险制度存在问题的对策

长期护理保险工作的启动实施，涉及医疗保障、卫生健康、民政、市场管理等诸多部门，需要充分发挥政府、市场的作用，促进长期护理保险制度的健康发展，提高失能、半失能人员的生活质量。

（一）转变思想观念

医疗专护一直难以开展，原因就是住院治疗医疗费用收入高，长期护理保险收入相对低廉，医疗机构开展长期护理保险的积极性不高。开展家护，需要派工作人员到患者家中进行护理，成本较高，开展起来有很大难度。受传统思想影响，"家庭养老""养儿防老"等传统观念根深蒂固，许多老人虽然有专业护理需求，但是仍然不愿意去养老机构或护理机构接受长期护理服务，往往更加希望子女在身边照顾，更希望来自家庭的亲情和关怀。

（二）明确发展目标

从国家经验来看，建立长期护理保险制度是应对人口老龄化的必然选择，长期护理保险必将同养老保险、医疗保险、失业保险、工伤保险、生育保险等制度共同纳入社会保险体系中。对此，需要明确长期护理保险制度在社会保险制度中的定位，促进其功能的发挥。

（三）做好待遇支付

在待遇支付上，需要坚持以下基本原则，一是保障基本，向失能、半失能人员提供"基本护理服务"，报销水平控制在70%左右；二是关注重度失

能人员，将享受待遇的人群限定在重度失能的参保人员上；三是差别待遇，根据护理等级以及服务供给方式不同确定不同的待遇保障水平，鼓励使用居家和社区护理服务；四是整合衔接，将长期护理保险的待遇与经济困难的高龄、失能老人补贴、重度残疾人护理补贴等相衔接。

（四）加强长期护理服务人员培养

能否为广大失能、半失能人员提供优质便捷的护理服务，关键在拥有一批高素质的长期护理保险专业队伍。要进一步加强人员培养，提高其待遇水平，为长期护理保险工作夯实基础。

（五）建立社会保险型长期护理保险制度

要按照"统筹共济"和"分担机制"，明确用人单位和个人的责任，应当扩大长期护理保险资金的筹集渠道，发挥政府、用人单位和个人在筹资中的作用。同时，要明确长期护理保险的保障范围，以促进制度发展的公平性，确保长期护理保险制度健康可持续发展。

（六）建立健全立法体系，完善相关配套制度

加强制度建设，要出台长期护理保险的法律法规，对长期护理保险的管理机构、筹资标准、资格认定、保障范围、保障标准、护理质量评估等予以明确的规定，使长期护理保险制度的发展纳入法制化、规范化的轨道。同时，应当完善配套的法律法规例如将长期护理保险的财政资金支持纳入财政预算统一管理，以促进长期护理保险与其他保障制度之间的协调发展。

（七）严格执行失能等级评估标准

2021年7月，国家医保局、民政部印发了《关于印发〈长期护理失能等级评估操作指南（试行）〉的通知》（医保办发〔2021〕37号），明确了长期护理保险失能等级评估标准，从促进标准统一性、待遇均衡性、制度公平性方面充分认识统一规范长期护理失能等级评估工作的重要性，加强对《评估标准（试行）》的实施应用。

（八）强化经办服务管理

加强长期护理保险经办管理服务能力建设，规范机构职能和设置，积极协调人力配备，加快信息系统建设。制定经办规程，优化服务流程，明确相关标准，创新管理服务机制。医疗保险经办机构可以探索委托管理、购买以及定制护理服务和护理产品等多种实施路径、方法，在确保基金安全和有效监控前提下，积极发挥具有资质的商业保险机构等各类社会力量的作用，提高经办管理服务能力。加强信息网络系统建设，逐步实现与养老护理机构、医疗卫生机构以及其他行业领域信息平台的信息共享和互联互通。

六、我国长期护理保险制度的发展趋势

目前，各地区经济支撑能力、老龄化程度各不相同，各地对于长期护理保险的理念、做法也存在差异，但综合来看仍表现出一定的趋势性。

（一）保障参保人员的长期护理保险基本需求

作为社会保险体系的重要组成成员，长期护理保险应该遵循"全覆盖、保基本、多层次、可持续"的原则，在筹资与支付上需要与经济发展水平与社会人口结构情况相匹配，循序渐进、量力而行，制度定位应落在满足居民最基本的照料及护理需求上。

保障基本需求的定位有助于制度的可持续性。随着老年人口占比增加、单身家庭增加、人口预期寿命的延长及医疗服务费用的上涨，长期护理保险。

保障基本需求的定位有助于制度实现覆盖范围的广泛性。高标准的待遇给付往往意味着更高的筹资标准，难以将制度有效扩展至全体城乡居民，会阻碍受益面的扩大，此外，较高的筹资标准和给付标准将导致制度更易陷入"逆向选择"逆境，年轻人、健康人不愿意参保，已参保人员也会想方设法少缴费、多受益。

（二）逐步探索稳定独立的筹资来源

我国长期护理保险制度来自基本医疗保险制度，因此在制度试点初期，各地资金大都来源于基本医保基金划拨，独立的、多元筹资模式尚未真正形成。下一步，要按照"互助共济、责任共担的筹资机制"，仍需要通过试点进行实践和检验，特别是要解决在当前社保缴费率相对较高的情况下，个人和单位责任如何体现的问题。

（三）制度边界关系还需要进一步划分清晰

《指导意见》指出长期护理保险制度重点解决的是重度失能人员基本生活照料和与基本生活密切相关的医疗护理等所需费用，因此试点地区采用的保障范围大都与国家文件相一致。但长期护理保险制度所要解决的问题与医疗保险制度有一定重叠之处，目前国家对于相关概念及范围的界定还未建立统一的标准，给各地试点留下了较大的空间，未来如何完成长期护理保险与医疗保险内涵的区分还需要在各地的实践基础下探索得到。

（四）加快探索地方性鉴定评估标准

虽然试点初期大部分地区选择采用简单、易操作的《日常生活活动能力评定量表》作为鉴定评估标准，但这种选择只是在我国权威性标准缺失情况下的一种过渡。可以看到，探索制定本地化、专业性的评估标准体系已经成为趋势，除了上海、苏州、成都外，目前嘉兴已出台地方版的失能等级评定标准，上饶等地也已开展本地化失能鉴定评估标准的探索。虽然各地的自行探索可以有效积累经验，为将来鉴定评估标准在国家层面的规范统一和制度推广建立基础，但这种地方化的趋势有可能因此形成区域壁垒，需要相关部门在标准地方化和统一化之间找到平衡。

（五）商业保险机构参与长期护理保险制度建设能够达到多方共赢的效果。

目前，除了上海、长春等个别地区外，大部分试点地区选择委托商业保险公司开展长期护理保险经办。商业保险公司参与长期护理保险制度建设符合多方的共同利益，不仅是政府充分利用现有社会资源的一种表现，还可以发挥商保公司在专业技术上的独特优势，有利于制度的公平、效率及可持续性，也为未来商业长期护理保险产品的开发提供了经验和积累。

第九章 生育保险制度

生育保险制度是针对女性劳动者生育风险而设置的社会保险制度。中国生育保险作为一项社会保险制度，充分体现了政府对女性职工合法权益的保护，促进了男女平等就业社会经济政策的实施。

第一节 生育保险制度的特点和保障原则

一、生育保险制度的概念和特点

（一）生育保险制度的概念

生育保险是国家为保障妇女劳动者因生育子女而暂时丧失劳动能力和正常收入来源时的基本生活需要，而向其提供物质帮助和医疗保健服务的一项社会保险制度。

生育保险制度保障了妇女生儿育女活动的正常进行，实现了人类自身的再生产，即种族的繁衍。同时，保障了妇女劳动者独立从事社会经济和政治活动的权利。

（二）生育保险制度的特点

生育保险制度除了具有社会保险制度的一般特点外，还有一些特殊的特点，概括起来主要有以下几个方面。

1.生育保险的保障范围偏小

生育保险制度的保障对象是已婚妇女劳动者及其所生育的子女和家庭，覆盖的范围有限。也就是说，只有达到结婚年龄的已婚女性劳动者，才有权享受生育保险待遇。不符合年龄规定、非婚和不服从国家计划生育政策的女性劳动者，无权享受生育保险待遇。虽然有的国家已经将生育保险的范围扩大到非劳动妇女在内的一切女性，但是相比较其他社会保险项目保障所有劳动者的状况，生育保险的范围更加有限。尽管如此，这并不妨碍她们的子女及其配偶享受一定的保障待遇。例如，我国有些地区和单位在妇女劳动者生育后，给予其配偶15天假期，假期期间工资福利待遇照发。

2.产前与产后都能够享受

生育保险是根据事前与事后保障相结合的方式建立的，生育保险给付的假期均从生育之前孕期开始。其他社会保险项目均属于事后救济、补偿保障。例如，医疗保险是在疾病发生之后，提供疾病津贴；失业保险是在失业发生之后，提供失业津贴；而生育保险为更好地保护产妇和婴儿健康，实行"产前产后都享受"的原则。生育保险明确规定，产假必须在生育期间享受，不能积累到其他时间享受，并遵循产前与产后都应享受的原则。

妇女在怀孕后，需要定期到医院监测孕妇和胎儿的状况，怀孕妇女到医院进行检查的时间算作劳动时间。同时，临产分娩前的一段时间，由于行动不便，已经不能工作或者不宜工作；分娩以后，需要休息一段时间，恢复身体健康和照顾婴儿，生育保险实行"产前与产后都享受"的原则。

3.生育保险保障的是特定风险

生育风险由人的特定生理活动引起，既不同于失业风险那样是社会风险，也不同于工伤保险那样是不可抗拒的意外风险。虽然生育风险与养老风险同属于劳动力的丧失，但二者也有不同，因为生育风险是短期暂时的丧失劳动能力，而养老保险则是长期永久性丧失劳动能力。生育导致妇女劳动能力丧失的时间较短、期限有限，因而生育保险提供的保障属于短期保障，保障的是特定风险。此外，虽然生育风险与医疗保险一样需要提供适当的医疗服务，但是严格地讲，生育并非真正的风险，因为生育风险是可以人为控制的，而疾病风险是不可控的。

4.生育保险与医疗保险密不可分

因为生育过程本身就涉及检查、手术、住院等医疗保健服务,生育保险给付涉及医疗服务和津贴等,这与医疗保险是基本一致的。因此,世界上许多国家都把生育保险放在医疗保险或者疾病保险范围内。

我国,2017年前的生育保险和医疗保险是分设的两个险种,2017年1月19日国务院办公厅《关于印发生育保险和职工基本医疗保险合并实施试点方案的通知》(国办发〔2017〕6号)规定,从2017年6月底前,在河北省邯郸市、山西省晋中市、辽宁省沈阳市、江苏省泰州市、安徽省合肥市、山东省威海市、河南省郑州市、湖南省岳阳市、广东省珠海市、重庆市、四川省内江市、云南省昆明市等12个城市开展两项保险合并实施试点,拉开了两项保险合并实施的序幕。

遵循保留险种、保障待遇、统一管理、降低成本的总体思路,两项保险合并实施后,增强了基金共济能力,提升了管理综合效能,降低了管理运行成本。

5.生育保险具有福利性特点

生育保险制度不仅保障了生育妇女身体健康的恢复和基本生活需要,而且通过生育保险给付保证了劳动力的扩大再生产。因此,生育保险的给付水平要比养老保险、失业保险的给付水平高,具有鲜明的福利性。

二、生育保险制度建立的原则

生育保险制度在中国社会保险体系中占重要地位,是妇女恢复健康、稳定生活的重要制度保证。为了使生育保险健康、有序地发展,还要遵循强制性、社会性、互助性等原则。

(一)强制性原则

生育保险制度由政府强制实施,依据法律、法规规定保险的项目和实施范围。劳动者或用人单位必须依法参加生育保险,依法缴纳生育保险费,并享受相应的生育保险待遇。国家制定的相关法律法规为保护女性劳动者的合法权益提供了法律保障,做到有法可依。通过法律法规的强制力,保证了生育保险制度的实施,在覆盖范围内的所有用人单位和个人都必须依法参加生育保险。

(二)社会性原则

生育保险制度是社会保险的重要组成部分,其基金来源遵循"大数法则",集合社会力量,在较大的范围内筹集资金通过扩大生育保险制度的覆盖范围,起到分散风险的作用。这不仅有助于将单个用人单位的负担转化为社会负担,解决部分用人单位不愿意使用女职工的歧视性问题;而且有助于用人单位的女职工在因生育而暂时丧失劳动能力时,依法享受生育保险待遇。

(三)互助性原则

通过用人单位缴纳生育保险费,建立生育保险基金,可以实行生育保险的社会统筹,实现社会成员的互助互济。把单个用人单位的负担转化为均衡的社会负担,为用人单位平等地参与市场竞争创造条件,对于女职工较多的用人单位以及破产、停产单位的女职工及其子女来说起到了保障作用。生育保险制度具有的互济互助功能,不仅起到了维护妇女平等就业的权益和缓解妇女就业困难的作用,而且解除了用人单位的后顾之忧。

第二节 生育保险制度的保障

生育保险制度的保障主要包括生育保险制度的保障范围、享受生育保险待遇的资格条件、生育保险待遇的给付等方面。

一、生育保险制度的保障范围

世界各国的政治、经济和社会发展状况不同,生育保险制度的保障范围也不同。在一些西方国家的福利中,生育保险制度覆盖到每一位妇女;而有些国家生育保险制度的保障范围不仅包括妇女，而且也将男性公民纳入生育保险的覆盖范围内。例如，男职工享受照护妇女的假期。一个国家生育保险制度的保障范围大小，主要与以下几个方面的因素有关。

（一）社会保险政策

一般来说，一个国家的社会保险政策目标、保障水平比较高时，生育保险的保障范围就大；反之，生育保险的保障范围就比较狭窄。

（二）经济发展水平

一般来说，一个国家的经济发展水平越高，生育保险保障的范围就越大；反之，保障的范围就越小。

（三）人口增长率

当一个国家的人口出生率比较低甚至接近或低于死亡率时，为了鼓励妇女生育，生育保险的覆盖范围就比较宽，保障的项目就比较多；反之，生育保险的覆盖范围就比较窄。

二、享受生育保险待遇的资格条件

享受生育保险待遇同其他社会保险项目一样，需要具备一定的资格条件。但是，由于世界各国社会保障模式不同，生育保险的受益资格条件也不同，概括起来主要有以下五种类型。

（一）要求缴纳一定时间的保险费

享受生育保险待遇者，必须事先定期、如数地缴纳生育保险费，且必须缴足法律法规规定的最低时间。一些国家规定，女职工至少应在分娩前的6个月缴纳生育保险费或在怀孕的10个月中有6个月缴纳生育保险费，或在生育前2年中有10个月缴纳生育保险费。

（二）工作达到规定的期限

即被保险人必须在产前达到投保所规定的时间，或者从事工作若干期限，才有获得生育保险待遇的资格。例如，法国规定，产后可以得到10个月保障，且在这年之前12个月的头3个月内受雇200小时或者缴纳6个月的保险费，才有资格享受生育保险待遇。

（三）不要求个人投保，只对女性劳动者实行生育保险

在实行社会保险统筹的国家中，一些国家仅对用人单位的女职工提供生育保险。1994年12月14日，国家原劳动部颁布的《企业职工生育保险试行办法》规定，用人单位向社会保险经办机构缴纳不超过本单位工资总额1%的生育保险费，国家则采取税前列支的办法来间接资助。可见，中国城镇女职工的生育保险费仍然由用人单位负担。国家机关、事业单位女职工的生育保险费用则由财政单独承担，用人单位和个人不需要缴费。

三、生育保险待遇的给付

生育保险待遇受各国政治、经济和人口政策等诸多因素影响，其项目和保障水平各有不同，属于短期性给付。一般而言，主要包括生育假期、生育津贴、哺乳时间、医疗保健服务、子女补助费五方面的待遇。

（一）生育假期或休假

生育假期是指妇女在怀孕、生育、分娩时应该休息的期限。生育假期不仅包括生育休假、怀孕假期和产后照顾婴儿的假期，而且还包括流产和节育妇女休息的假期。产假的主要作用是使女职工在生育期间能够适当地休息，增进、保护产妇的身体健康，逐步恢复工作能力和生活能力，并使婴儿受到母亲的精心照顾和哺育。女职工生育假期不宜过短或者过长。生育假期过长，会给用人单位带来经济上的困难；生育假期过短，则不利于产妇和新生儿的健康。

按照国际劳工组织1952年通过的《生育保护公约》建议,生育假期至少为12周(84天),并且建议延长至14周。2000年国际劳工组织通过的《生育保护公约》进一步规定生育假期为14周,并规定前和后都应该有假期。目前绝大多数国家都接受了国际劳工组织的建议。

1995年1月1日实施的《中华人民共和国劳动法》规定:"女职工生育享受不少于90天的产假。"中华人民共和国国务院于2012年4月28日公布的《女职工劳动保护特别规定》规定,女职工生育享受98天产假,其中产前可以休假15天;难产的,增加产假15天;生育多胞胎的,每多生育1个婴儿,增加产假15天;女职工怀孕未满4个月流产的,享受15天产假;怀孕满4个月流产的,享受42天产假。

从世界范围看,近些年来,几乎所有国家规定的生育假期都有延长的趋势,不仅如此,在一些国家,父育假政策也开始推广。

(二)生育津贴

生育津贴是指妇女因生育、节育而离开工作岗位,不再从事有报酬的工作时,因用人单位停止给付工资而造成收入中断,由生育保险定期支付现金的一项生育保险待遇。因此,生育津贴又叫生育现金补贴。

生育津贴是对生育妇女的经济补偿,这种经济补偿应该足以维持产妇和婴儿的身体健康,因而生育保险是社会保险项目中给付水平较高的项目,这是由生育的社会价值决定的。1952年,国际劳工组织通过的《生育保护公约》建议生育津贴为原工资的2/3,同时通过的《生育保护建议书》中建议生育津贴应该等于该妇女生育之前的收入全部。目前绝大多数国家超过了这一标准。

为维护企业女职工的合法权益,保障她们在生育期间得到必要的经济补偿和医疗保健,均衡企业间生育保险费用的负担,1994年12月,国家原劳动部发布了《企业职工生育保险试行办法》(劳部发〔1994〕504号),该办法明确规定,产假期间的生育津贴按用人单位职工上年度月平均工资发放,由生育保险基金支付。在没有实行生育保险社会统筹的地区,生育津贴由女职工所在单位支付。按照计划生育政策怀孕,经过医生开具证明,女职工保胎休息的时间按疾病待遇的规定办理;保胎休息和病假超过6个月后,领取疾病救济费；女职工按计划生育时，可以从生育之日起停发疾病救济费，改为产假工资，并享受其他生育待遇。产假期满后仍然需要休息的，从产假期满之日起，继续发给疾病救济费。保胎休息的女职工，产假期满后仍需病休的，其病假期间应与生育前的病假和保胎休息的时间合并计算。

（三）哺乳时间

在哺乳新生儿期间，生育妇女应有权为此而中断其工作，中断工作时间应当算作工作时间，并应当给予报酬。国际劳工组织第3号公约规定，妇女每天可以因为哺乳新生儿中断工作半小时两次。例如，《女职工劳动保护特别规定》规定有不满一周岁婴儿的女职工，其所在单位应当在每天的劳动时间内给予1小时哺乳时间（含人工喂养）。多胞胎生育的，每多哺乳一个婴儿，每天哺乳时间增加1小时。

（四）医疗保健服务

医疗保健服务包括妇女怀孕后提供定期的保健、体检服务，分娩时的手术、住院、检查服务，以及与生育相关的其他医疗服务。定期对孕妇进行体检，并提供从怀孕到分娩的一系列医疗服务，对于保证妇女以及婴儿的身体健康，提高人口质量具有重要意义。相关的费用由生育保险基金支付。例如，《生育保险法规》规定，孕妇在劳动时间进行检查时，应按出勤对待。此外，女职工实施节育手术引起的并发症，经计划生育主管部门和劳动鉴定委员会鉴定确定是由节育手术引起的，其医疗费用全部予以报销，工资按照生育保险的有关规定支付。

此外，各国还对生育女职工的劳动保护做了相关规定。如不得安排怀孕、哺乳的女职工从事强体力劳动或有毒、有害的工作，不得在女职工怀孕期、产期、哺乳期间降低女职工工资或者解除劳动合同等。

（五）子女补助费

在许多国家，生育妇女除有生育津贴外，往往还给予新出生的婴儿一定金额的补助。例如，我国的独生子女费是国家给予生育一个子女家庭的补偿。各类生育保险补助，从一定程度上讲，带有一定的社会福利性质。但是，由于子女补助费往往同生育保险给付交织在一起，所以其被视为生育保险的待遇之一。子女补助分为一次性补助和固定补助。一次性补助是政府管理部门对每个符合人口政策要求出生的子女给予一次性补助；固定补助通常都会延续到子女成年，政府规定独生子女费发放到14岁，这是一项较长期的固定补助。

（六）支持三孩政策

2021年7月，国家医疗保障局下发《关于做好支持三孩政策生育保险工作的通知》（医保办发〔2021〕36号），要求各地认真贯彻落实党中央关于优化生育政策促进人口长期均衡发展的任务部署，积极支持三孩生育政策落地实施，确保参保女职工生育三孩的费用纳入生育保险待遇支付范围，及时、足额给付生育医疗费用和生育津贴待遇，确保三孩生育待遇政策落实到位，增强参保群众获得感。

四、生育女职工的劳动保护

为了维护生育女职工的合法权益，国家制定了一系列针对妇女怀孕、哺乳的劳动保护措施，减轻和解决女职工在劳动和工作中由于生理变化而造成的特殊困难，以达到保护女职工和新生儿身体健康的作用。例如，《女职工劳动保护特别规定》《女职工禁忌劳动范围的规定》中规定了以下几项。

1.女职工在月经期间，不得从事高空、低温、冷水和国家规定的第三级体力劳动强度的劳动。

2.不得安排怀孕、哺乳的女职工从事国家规定的第三级及其以上体力劳动强度的劳动和孕期禁忌从事的劳动。体力劳动强度是以劳动强度指数衡量的，劳动强度指数是依据劳动工种的平均劳动时间率和平均能量代谢率确定的。

3.不得安排怀孕、哺乳的女职工从事有害有毒工种。正在从事有害有毒工种的怀孕女职工，应该调离原工作环境。

第三节 生育保险制度的内涵、建立和改革

一、生育保险制度的内涵与对象

女职工生育保险制度是妇女劳动者因妊娠、生育期间中断劳动或工作时，社会给予医疗保障、产假工资或生活补贴待遇的一项社会保险制度。中国的生育保险，限于达到法定结婚年龄、符合计划生育政策而生育的女职工。生育保险期限一般以一年或一年以下为限，属于短期补助性质，其支付的频率和平均期限，具有较强的规律性和预见性。

生育是人类自身的繁衍，没有人类自身的生产，人类社会将不复存在，人类自身的生产具有广泛的社会性。随着社会的发展与工业化社会的到来，女性参与就业的人数越来越多，成为生产资料与人类自身繁衍的双重生产者。女职工的生育行为不是个人行为，而是社会行为。女职工因为生育，身心付出了极大的代价，她们还面临着市场经济强烈的功利性价值取向带来的一系列新的挑战，女性的就业现状和发展趋势已面临着前所未有的危机。

生育保险制度是社会关注女性的专门措施，也是推行现代企业制度、落实《中华人民共和国劳动法》，保障女工权益，改善女性就业和工作、生活条件，保护母婴健康，缓解因生育行为而强化的职业风险的客观要求，是当今职业女性的共同心愿与呼声。

二、中国生育保险制度的建立

中国生育保险制度是20世纪50年代初期建立的。1951年2月，政务院颁布的《中华人民共和国劳动保险条例》，将生育保险作为一项措施进行规范。1953年1月，劳动部制定了《中华人民共和国劳动保险条例实施细则修正草案》，详细规定了生育保险的内容。1955年，国务院颁发的《关于女工作人员生产假期规定的通知》，对行政机关事业单位女职工生育保险做出了补充说明。

新中国生育保险制度的建立，降低了婴儿和孕产妇的死亡率。婴儿死亡率是某地某年内未满一岁的婴儿死亡人数与同年活产婴儿数的比例。国家卫生健康委员会数据表明，1949年以前，婴儿死亡率高达200‰，新中国成立后逐步下降，2005年下降为19‰；2015年下降为8.1‰；2022年，婴儿死亡率下降至4.9‰。

孕产妇死亡率是指某地某年内每出生1000名活产婴儿孕产妇死亡人数。孕产妇死亡通常是指妇女在妊娠期、分娩期及分娩后42天内的死亡。中华人民共和国成立前，我国孕产妇死亡率为15‰；中华人民共和国成立后，孕产妇死亡率迅速下降为0.619‰，2004年我国孕产妇死亡率为0.483‰，2021年为0.16‰。孕产妇死亡率的下降，反映了孕产妇健康状况的提高。

三、中国生育保险制度的改革过程

1986年，卫健委、劳动人事部、全国总工会、全国妇联印发了《女职工保健工作暂行规定（试行草案）》，开始了中国生育保险制度的改革。1988年7月26日，江苏省南通市人民政府颁布《南通市全民、大集体企业女职工生育保险基金统筹暂行办法》，率先揭开了女职工生育保险社会统筹改革的序幕。此后，许多地方政府纷纷颁布地方性法规，进行生育保险制度的社会化改革试点。1993年4月20日，国务院颁布的《国有企业富余职工安置规定》规定，孕期或者哺乳期的女职工经本人申请，企业可以给予不超过2年的假期；放假期间发给生活费，女职工生活费按原工资标准的60%由企业发给；假期内含产假的，产假期间按照国家规定发给工资。截至1994年，全国已有18个省的300多个市县进行了女职工生育保险制度的社会化改革试点。

在生育保险制度社会化改革试点的基础上，国家原劳动部于1994年12月14日颁布了《企业职工生育保险试行办法》（劳部发〔1994〕504号）（以下简称《试行办法》），并规定从1995年1月1日起实施。《试行办法》规范了生育保险的相关规定，标志着中国生育保险制度的发展进入了一个新阶段，也为全国生育保险的社会统筹改革提供了政策依据。《试行办法》规定，单位不再承担女职工生育期间的具体责任，只需按规定向社会保险经办机构缴纳不超过工资总额1%的生育保险费，社会保险经办机构对生育保险的资金进行统一管理，职工社会保险经办机构按需从统筹的基金划拨给女职工所在的单位，女职工生育期间仍在本单位领取生育保险费。1995年12月，原劳动部印发的《关于贯彻实施〈中国妇女发展纲要〉的通知》规定，适应企业改革的要求，积极建立生育保险基金，将生育保险由企业管理逐步转变为社会统筹管理，均衡企业负担，分散风险。生育保险改革既保障了妇女合法权益的需要，也是整个社会保障改革的重要组成部分。

1996年1月，原劳动部颁布《〈关于贯彻实施中国妇女发展纲要的通知〉的意见》，对各地生育保险社会统筹的进度提出了具体的要求。1996年12月，劳动部和国家科委联合发布的《关于国家社会发展综合实验区全面建立生育保险制度的通知》对指导国家实验区开展生育保险社会统筹工作提供了指导思想。1997年10月，原劳动部发布的《关于印发〈生育保险覆盖计划〉的通知》对各地生育保险实行社会统筹的进度列出了具体的时间表，并要求各地加大改革力度，扩大生育保险的覆盖范围。1998年，国务院颁布的《国务院关于建立城镇职工基本医疗保险制度的决定》使中国医疗保险制度有了历史性的转变。

为了做好政策对接，由劳动保障部、国家计划生育委员会、财政部、卫健委于1999年9月联合发布的《关于妥善解决城镇职工计划生育手术费问题的通知》规定，在建立企业职工生育保险的地区，参保单位职工的计划生育手术费用由生育保险基金支付；没有建立生育保险的地区，在建立职工基本医疗保险制度时，可以将符合基本医疗保险有关规定的参保单位职工的计划生育手术费纳入基本医疗保险统筹基金支付。对没有参加生育保险和基本医疗保险的单位，职工计划生育手术费仍由原渠道解决。2001年，国务院颁布的《中国妇女发展纲要（2001—2010年）》指出，普遍建立生育保险制度。由此，生育保险制度在全国各地普遍建立起来了。

2001年12月29日，第九届全国人民代表大会常务委员会第25次会议通过的《人口与计划生育法》规定，国家稳定现行生育政策，鼓励公民晚婚晚育，提倡一对夫妻生育一个子女；符合法律、法规规定条件的，可以要求安排生育第二个子女。不符合第十八条规定生育子女的公民，应当依法缴纳社会抚养费。2005年，劳动和社会保障部确定12个城市作为生育保险与医疗保险协同推进的重点联系城市，以点带面，逐步推广。

2012年4月18日，国务院第200次常务会议通过的《女职工劳动保护特别规定》规定，女职工生育享受98天的产假，其中产前可以休假15天，对女职工获得的劳动保护做出了更明确的规定。

2015年12月27日，第十二届全国人大常委会第十八次会议通过的《关于〈修订人口与计划生育法〉的决定》规定，国家提倡一对夫妻生育两个子女。符合法律、法规规定条件的，可以要求安排再生育子女。国家对实行计划生育的夫妻，按照规定给予奖励。

2021年8月20日，全国人大常委会会议表决通过了《关于修改人口与计划生育法的决定》，修改后的《人口与计划生育法》规定，国家提倡适龄婚育、优生优育，明确规定一对夫妻可以生育三个孩子，并且规定的配套措施中，要求各地方政府要完善生育保险和生育休假制度，保障女性的就业合法权益。

四、我国生育保险制度改革试点与改革中的问题

（一）企业"自倚性"生育保险制度的弊端

我国生育保险制度是1951年由国家颁布《劳动保险条例》而建立的，1988年，国务院统一了机关、企事业单位的生育保险制度，并将覆盖面扩大到私营企业、"三资"企业和乡镇企业。50多年来，生育保险制度在维护女职工合法权益、保障女职工基本生活、促进企业发展方面发挥了重要的作用。但是，女职工生育保险制度带有明显的企业劳动保护色彩，女性生育补偿代价完全由女职工所在单位负担，生育行为企业化，这种模式与转型中的企业经营机制产生了尖锐的矛盾，其直接的后果是造成就业中的性别歧视日趋严重。这种企业"自倚性"的生育保险制度，弊端日渐暴露。

（1）生育保险待遇没有得到及时调整，生育补偿费用的增长跟不上医疗费用的增长速度，一些地方生育医疗费用个人负担呈现增长趋势。

（2）没有形成完善的基金制度，社会调剂职能差，难以体现女职工生育

的社会性与社会价值。

（3）女职工的合法权益在一些企业受到侵害，国家规定的产假期与哺乳时间得不到充足的保证。

（4）企业之间生育费用不均，女职工较多的企业负担较重，不利于企业竞争。

（5）农村妇女、城镇失业妇女、无业妇女、女性个体户等仍无法纳入生育保险的覆盖范围。受传统体制的城乡分治政策影响，占生育妇女80%的农村妇女未纳入生育保险。

上述问题的出现造成了女性就业难、女职工下岗增多的社会综合征。

（二）生育保险制度试点改革的基本情况

随着经济的发展和改革开放的深入，社会各界对生育保险的认识不断加深，要求改革生育保险制度的呼声越来越强烈。1988年，江苏省南通市率先试行生育费用社会统筹，此后，各地相继开展了生育保险制度改革。

1994年，为配合《中华人民共和国劳动法》的贯彻实施，维护企业女职工的合法权益，均衡企业生育费用负担，在总结各地改革经验的基础上，劳动部颁布了《企业职工生育保险试行办法》，对生育保险制度改革的内容标准形式等予以规范，进一步推动了各地生育保险制度改革。其基本情况如下。

1.生育保险统筹范围

包括独立核算的全民所有制企业和县以上集体企业，含部属、省属、部队系统在内，均按全部职工包括固定工、合同工、计划内临时工，实行生育保险社会统筹。

2.生育保险基金的提取

按照以支定收原则，根据女职工生育期间企业应负担费用和参加统筹的职工总数进行测算，确定生育基金统筹率。

3.生育基金的管理

由社会保险机构委托银行采取委托收款的结算办法托收，优先扣缴，专户专储、专款专用，不得挪用。并按城乡居民个人储蓄存款利率计息，所得利息转入生育保险基金，统筹机构暂不从生育保险基金中提取管理费。

4.待遇支付

按统筹单位实际生育的女职工,在计划内生育(不含无计划的第二胎或多胎)产假和哺乳期间的工资及生育费用,每人一次性补偿给单位950元,各参保单位指派专人凭女职工准生证、单位报告和工资花名册、职工身份证逐月支付给个人,计划内女职工怀孕7个月以上、胎儿死亡于母体或出生后夭折,仍按正常生育拨付统筹基金,企业收到生育保险补偿的10%记入职工福利,90%冲减成本。

参加生育保险的职工生育或流产时,享受下列待遇的标准为:

其一,生育津贴。女职工按规定享受产假期间的生育津贴,按照本单位上年度职工月人均缴费工资除以30天再乘以产假天数计算,由社会保险经办机构拨付到用人单位,用人单位应按职工的实际工资收入发放生育津贴。计算生育津贴的产假天数按自然天数计算。生育津贴即为产假期间的工资,女职工(含原领取非全额工资者)实际工资收入低于本市最低工资标准的,按本市最低工资标准计发。

其二,男配偶看护假期工资,按生育津贴的规定执行。

其三,生育医疗费。生育医疗费包括女职工因怀孕、生育、流产发生的医疗检查费、接生费、手术费、住院费、药费及生育出院后产假期内因生育引起疾病的医疗费。相关的医疗费符合本地生育保险药品目录、诊疗目录和医疗服务设施目录范围的,由生育保险基金支付。

其四,一次性分娩营养补助费。女职工生育顺产按本市上年度在岗职工月平均工资25%计发,难产或多胞胎按50%计发。一次性分娩营养补助费,用人单位要按社会保险经办机构拨付的标准支付给女职工。女职工怀孕满7个月,发生死胎、死产和早产不成活,按顺产待遇享受一次性分娩营养补助费。

其五,计划生育手术费用。计划生育手术所发生的医疗费用具体支付办法按各地出台的计划生育手术费用支付报销。

(三)生育保险制度试点与改革中存在的问题

生育保险制度试点与改革中存在的问题,集中表现为以下几个方面。

1.试点与改革发展不平衡

女职工生育保险范围偏窄,改革发展不平衡,仅在企业进行,机关事业单位未参加地方统筹,企业中统筹范围和享受权利范围不一致,全国开展女职工生育保险的省市参差不齐。

2.生育保险办法不够规范

部分地区费率偏高,而支付标准偏低,基金结余率过高。如全国2011年年末生育保险基金累计结存343亿元。生育保险是短期项目,没有必要保留巨额基金。

3.生育医疗费用增速过快

女职工生育保险统筹费用基数,是按生育人员工资和生育医疗费确定的,生育医疗费用与社会医疗开支范围不易分清,出现重复交叉的情况。对生育医疗费用缺少控制措施,生育医疗费用每年以20%—30%的速度递增。一些地方按生育计划指标作为基数也不尽合理。因为计划数中只有一部分女职工怀孕,年终结算时,总的结余造成统筹基金越滚越多,增加了企业负担。

4.待遇水平偏低

尽管国家规定生育医疗费由基金支付,但由于社会保险机构未规定具体支付标准,加上生育医疗费"搭车"现象严重,费用开支与日俱增,而社会保险机构一般都采取了定额支付的办法,把定额外的费用甩给企业,还有的地区对生育津贴也采取了定额支付,一些好的企业认为"缴得多,得的少,自己还得掏腰包""尽了双份义务,背上了双重负担"。还有的地区对困难企业采取"不缴费就不支付"的办法,使这些企业女职工的合法权益得不到保障。

5.项目偏少

在生育保险与医疗保险合并实施之前,对因生育引起的疾病所需费用,国家虽规定由统筹基金支付,但并未制定可供各地选择的病种界定标准,致使各地将这项费用甩给企业,影响了企业参保积极性,给扩大覆盖面带来了不少的阻力,直接损害了亏损企业女职工的合法权益。

五、中国生育保险制度改革的成果

中国生育保险制度改革的成果，主要有以下几个方面。

（一）减轻了用人单位负担

生育保险待遇给付的社会化改革将女职工的生育保险费用从用人单位中分离出来，由生育保险基金统一支付，减轻了用人单位的负担，尤其是减轻了女职工较多的用人单位的经济负担，有利于用人单位平等地参与市场竞争。

（二）维护了生育妇女的合法权利

生育行为既是个人行为，也是社会行为。在企业保险制度下，用人单位要为女职工生育活动承担责任和各种相关费用，这就促使用人单位不愿意招用女职工。在裁减富余劳动力时，主要裁减女职工。而生育保险的社会统筹保障了生育妇女享有与男子平等就业的权利和机会。

（三）推动了优生优育工作的开展

生育保险社会化管理后，用人单位只需按规定向社会保险经办机构缴纳不超过本单位工资总额1%的生育保险费，社会保险经办机构对生育保险基金进行统一管理。女职工生育期间的生育津贴、医疗保健和子女健康等费用均由生育保险基金支付。这避免了女性职工由于承担生育责任而造成其家庭生活水平的突然下降，解除了生育妇女的后顾之忧，促进了优生优育政策的落实。

六、我国生育保险的改革重点

1995年，世界妇女大会在北京召开，大会对世界范围内的女工生育保险改革做了充分的肯定，也促进了中国生育保险制度改革的进程。国务院发布的《中国妇女发展纲要》提出了明确的时间表，即20世纪末普遍实行生育保险制度。这就要求各地劳动部门把生育保险制度改革摆上议事日程，抓紧制定和改革生育保险推进计划。国务院随后又发布了《中国妇女发展纲要（2001—2010年）》，提出2010年城镇职工生育保险覆盖面达到90%的目标要求。但是这一"小险种"并没有真正在全国普遍得到落实，如2011年年末，全国参加生育保险人数仅有13892万人。许多城市强制征收"四金"，但却并没有将生育保险金包括在内。这一政策的缺乏直接造成了女性在就业与再就业、收入分配等方面处于不平等甚至被歧视的地位。因此，针对各地改革发展不平衡的现状，亟须完善生育保险政策，积极探索与医疗保险统一管理的生育保险医疗服务管理模式。这是改革的重点。

（一）坚持"以收定支，收支平衡"的筹资原则

在计划生育为基本国策的前提下，女职工生育保险具有较强的预见性，无须保留过多的积累应付风险。因此，这一改革必须坚持"以收定支，收支基本平衡"的筹资原则，以现收现付式为主。各地的缴费比例一般应以0.6%为限，最高不得超过1%。

（二）打破企业所有制界限

在基金征集上，各类企业均按企业职工工资总额的同一比例缴纳；同时，无论职工身份如何，使所有企业女职工在生育期间均按有关规定享受产假待遇和医疗保障及特殊劳动保护，确保生育女职工必要的营养和母婴的安康以及家庭正常生活的需要。

（三）建立正常的待遇调整机制

依照资源和社会保障部颁布的生育保险项目和支付标准，根据经济发展和生活水平，建立正常的待遇调整机制，适时调整生育保险的待遇水平，矫正目前全国生育保险基金结余偏高、待遇偏低的现象，切实保证女职工生育期间的基本生活和身体健康。

（四）形成多部门合作、共同监督和抑制生育保险费用过度增长机制

应协同卫生部门拟定因生育引起的疾病病种目录和生育医疗服务收费标准，考虑对参与生育医疗单位进行资格审定和考评制度。通过契约方式明确

承担生育保险的医疗单位的服务范围、项目质量要求、收费标准、付费方式及合同期限等。财政部门应将女职工生育保险基金及其管理费纳入财政预算,并争取计划生育部门、工会、妇联等单位的配合,以形成多部门合作、共同监督和抑制过度的生育保险费用的机制。

(五)积极探索生育医疗费用的结算办法

要积极探索生育医疗费用的结算办法,逐步实现社会保险经办机构与协议管理医疗机构直接结算。要加强对医疗服务费用的监督检查,控制不合理的支出,探索制定科学规范的生育医疗费用结算办法。在协议中明确监督检查措施和考核办法。要根据协议及时结算医疗费用,对不合理的医疗费用不予支付,对严重违反协议的医疗机构可以终止协议。采取向生育职工定额支付生育保险待遇的地区,应根据本地区职工工资水平、生育医疗费用实际支出等情况,合理确定待遇支付标准,并建立调整机制。

(六)扩大覆盖面

已实行社会统筹的地区,应努力将覆盖面尽快扩展到"三资"、私营等非国有制企业,实行统一制度、统一管理、统一标准、统一调剂,以增加费用来源,减轻女职工相对集中的国有企业的负担。

(七)提高待遇水平

凡生育保险,应不分项目,一次拨付给企业。由企业补足差额的地区,应按国家规定缩小支付额与法定标准间的差距。凡生育医疗费已纳入统筹,但实行定额拨付的地区,应尽快向实报实销制过渡。

(八)压缩基金结余额

一是要健全基本项目,对已实行统筹、基金结余较多的地区,从保障女职工合法权益、减轻企业负担出发,将女职工流产纳入统筹。考虑到当年人数难以预测,在起步阶段可先将"头胎不生"的流产费用纳入统筹,待条件具备后再将育龄期的流产费用纳入。各地应调查研究因生育引起的疾病的界定，逐步将这一项目分期分批纳入统筹。

（九）实行活动缴费费率

人力资源和社会保障部、财政部于2015年7月27日发布《关于适当降低生育保险费率的通知》（人社部发〔2015〕70号），提出了"适时适当降低社会保险费率"。凡生育保险基金累计结余超过9个月的统筹地区，应将生育保险基金费率调整到用人单位职工工资总额的0.5%以内。基金累计结余低于3个月支付额度的，要制定预警方案，并向统筹地区政府和省级人力资源社会保障、财政部门报告。

（十）提高基金统筹层次

首先，提高基金统筹层次有利于分散风险，增强基金保障能力，可以从根本上促进各地生育保险制度均衡发展，充分发挥生育保险制度互助共济优势的需要；其次，提高基金统筹层次有利于促进劳动力的流动；最后，提高基金统筹层次有利于规范管理，降低基金运行风险。提高基金统筹层次，在资金管理上移的同时，更是管理权限的上移，有助于实现经办管理更高水平的规范统一，也有助于增强经办机构与医疗机构的谈判优势。

七、生育保险与职工医疗保险合并实施

（一）"两险"合并实施试点

1.主要目标

2017年1月，国务院下发《关于印发〈生育保险和职工基本医疗保险合并实施试点方案〉的通知》（国办发〔2017〕6号），拉开了"两险"合并实施的序幕。试点从2017年6月底前启动，试点期限为一年左右。试点工作遵循保留险种、保障待遇、统一管理、降低成本的总体思路，推进两项保险合并实施，通过整合两项保险基金及管理资源，强化基金共济能力，提升管理综合效能，降低管理运行成本。积极探索适应中国经济发展水平、优化保险管理

资源、促进两项保险合并实施的制度体系和运行机制。

2.试点内容

根据实际情况和有关工作基础，选择河北省邯郸市、山西省晋中市、辽宁省沈阳市、江苏省泰州市、安徽省合肥市、山东省威海市、河南省郑州市、湖南省岳阳市、广东省珠海市、重庆市、四川省内江市、云南省昆明市等12个城市开展两项保险合并实施试点。未纳入试点地区不得自行开展试点工作。试点内容包括统一参保登记、统一基金征缴和管理、统一医疗服务管理、统一经办和信息服务、生育待遇保持不变等。

（二）"两险"合并正式实施

2019年3月，国务院办公厅印发《关于全面推进生育保险和职工基本医疗保险合并实施的意见》（国办发〔2019〕10号），生育保险与职工医疗保险正式开始合并实施，要求各统筹地区2019年底前实现两项保险合并实施。

1.统一参保登记

参加职工基本医疗保险的在职职工同步参加生育保险。实施过程中要完善参保范围，结合全民参保登记计划摸清底数，促进实现应保尽保。

2.统一基金征缴和管理

生育保险基金并入职工基本医疗保险基金，统一征缴，统筹层次一致。按照用人单位参加生育保险和职工基本医疗保险的缴费比例之和确定新的用人单位职工基本医疗保险费率，个人不缴纳生育保险费。同时，根据职工基本医疗保险基金支出情况和生育待遇的需求，按照收支平衡的原则，建立费率确定和调整机制。

职工基本医疗保险基金严格执行社会保险基金财务制度，不再单列生育保险基金收入，在职工基本医疗保险统筹基金待遇支出中设置生育待遇支出项目。探索建立健全基金风险预警机制，坚持基金运行情况公开，加强内部控制，强化基金行政监督和社会监督，确保基金安全运行。

3.统一医疗服务管理

两项保险合并实施后实行统一定点医疗服务管理。医疗保险经办机构与定点医疗机构签订相关医疗服务协议时，要将生育医疗服务有关要求和指标增加到协议内容中,并充分利用协议管理,强化对生育医疗服务的监控。执行基本医疗保险、工伤保险、生育保险药品目录以及基本医疗保险诊疗项目和医疗服务设施范围。

4.促进生育医疗服务行为规范

将生育医疗费用纳入医保支付方式改革范围,推动住院分娩等医疗费用按病种、产前检查按人头等方式付费。生育医疗费用原则上实行医疗保险经办机构与定点医疗机构直接结算。充分利用医保智能监控系统,强化监控和审核,控制生育医疗费用不合理增长。

5.统一经办和信息服务

两项保险合并实施后,要统一经办管理,规范经办流程。经办管理统一由基本医疗保险经办机构负责,经费列入同级财政预算。充分利用医疗保险信息系统平台,实行信息系统一体化运行。原有生育保险医疗费用结算平台可暂时保留,待条件成熟后并入医疗保险结算平台。完善统计信息系统,确保及时全面准确反映生育保险基金运行、待遇享受人员、待遇支付等方面情况。

6.确保职工生育期间的生育保险待遇不变

生育保险待遇包括《中华人民共和国社会保险法》规定的生育医疗费用和生育津贴,所需资金从职工基本医疗保险基金中支付。生育津贴支付期限按照《女职工劳动保护特别规定》等法律法规规定的产假期限执行。

第十章 医疗保障基金监督管理

医疗保障基金是人民群众的"保命钱"。维护基金安全是医保部门的首要任务。为了维护基金安全必须加强医疗保障基金使用监督管理。2018年，十三届全国人大第一次会议通过《国务院机构改革方案》，组建了国家医疗保障局，作为国务院直属机构。国家医疗保障局自成立以来，始终把维护基金安全作为首要政治任务，不断织密扎牢医疗保障基金监管的制度"笼子"，以零容忍的态度严厉打击欺诈骗保行为。

第一节 医疗保障基金风险

医疗保障基金风险是指在其运行过程中所面临的各种不确定性因素及其损害，直接危及医疗保障制度的安全运行和可持续发展。医疗保险基金风险管控是利用风险管理的基本理论和定量分析方法，描述各种风险对医疗保险基金收入支出的影响和强度，并进行监测和控制的过程。中共中央国务院办公厅《关于深化医疗保障制度改革的意见》（中发〔2020〕5号）指出："医疗保障基金是人民群众的保命钱，必须始终把维护基金安全作为首要任务。"《医疗保障基金使用监督管理条例》第五条规定："建立健全医疗保障基金使用监督管理机制和基金监督管理执法体制，加强医疗保障基金使用监督管理能力建设，为医疗保障基金使用监督管理工作提供保障。"

一、基本医疗保障基金风险

(一) 道德风险

道德风险亦称道德危机。由于医疗保险市场参与主体之间的博弈和医疗服务市场的信息不对称，导致医疗服务的供给和需求存在一种非理性的行为，即所谓的"道德风险"。道德风险的存在，不仅造成医疗费用的上涨和医疗资源的不合理配置，还会影响医疗保险基金的筹集、使用和管理，进而降低公民的整体福利水平。

(二) 政策风险

政策风险是指因宏观政策（如货币政策、财政政策、行业政策、地区发展政策等）发生变化，导致市场价格波动而产生风险。在制定医疗保险政策时，如果在资金筹集标准、待遇水平、支付标准等方面出现偏差，就会引发政策风险，造成基金损失或损害群众切身利益的现象发生。

(三) 管理风险

在医疗保险发展初期，因缺乏互联网、病案管理、循证医学的支持，不能拥有医疗大数据，医疗保险经办监管人员陷入信息不对称的困境。20世纪70年代开始，伴随电子病历和互联网的发展，医疗保险经办机构逐渐掌握了智能审核与监控的工具，由此开始将医疗保险支付与医疗服务的质量、安全和绩效挂钩，从外部向医疗机构和医疗过程渗透管理，加强了医疗风险管理、增加了医疗服务的合理性，大大抑-制了医疗保险基金支出的风险，提高了医疗保险基金的使用效率。

(四) 基金风险

医疗保险基金风险来自筹资政策，涉及基金征收环节、使用环节。医疗保险基金风险按照严重程度可以分为三个等级，按照等级从低到高排列分别为：低风险、较大风险、重大风险。所谓低风险是指医保基金目前尚没有出现风险但存在出现风险的趋势，即基金收入增长幅度明显低于基金支出增长幅度，出现风险的苗头明显；所谓较大风险是指医保基金当期出现收不抵支，即基金当期支出大于当期收入，出现收不抵支，需要动用累计结余基金才能保证当期支出；所谓重大风险是指医保基金出现系统性风险，即在当期收不抵支情况下，累计结余也消耗殆尽，当期资金缺口越来越大。因此，需要建立医疗保险基金风险管理机制，做好基金运行分析，对基金风险的苗头做到早发现、早预防，确保不出现系统性风险。

（五）社会风险

社会风险又被称为外部风险。例如，科技进步带动了医疗成本上升，人口老龄化导致参保缴费人员占比下降、高龄老人医疗照护需求和照护成本的上升。

二、医疗保障基金风险管控

中共中央、国务院《关于深化医疗保障制度改革的意见》（中发〔2020〕5号）指出，"加强基金预算管理和风险预警"，这需要针对医疗过程多环节、多要素的特点建立综合治理机制。中国全民医疗保障和地方统筹的管理体制有利于建立综合治理机制。

（一）完善医疗保障预算管理

1.科学编制收支预算

（1）科学编制收入预算。严格按照"以收定支、收支平衡、略有结余"原则，根据缴费基数、缴费率、参保人数等因素，全面、准确、完整编制基本医疗保险基金收入预算。

（2）合理编制支出预算。综合考虑上年度基金支出、医疗保险待遇调整、医疗机构床位增减、本地经济增长、医疗费用水平、医疗费用控制目标、参保人员年龄结构等因素合理编制年度支出预算。原则上不得编制当年赤字预算和历年累计基金赤字预算。

（3）中期收支情况测算。在做好年度预算工作基础上，结合中期基金收支情况和中期地方财政规划，根据国家关于社会保险基金预算和中期财政规划具体部署和安排，做好基本医疗保险基金中期收支测算工作，为科学调整全周期预算提供科学依据。

（4）异地就医基金预算。要积极适应异地就医联网结算的新形势，合理预测异地就医费用支出。

（5）年度预算总额预测。在上年度基金支出基础上，综合考虑经济社会发展状况、医疗保险待遇调整情况、区域床位增长情况合理测算年度基金预算。统筹区医保基金年度预算总额＝统筹区上年度住院医保基金支出清算总额×（1＋基金支出增长率）。

2.加强预算执行监督

医疗保障行政部门、财政部门、审计部门按照各自职责，对医疗保险基金的收支、管理和运营情况实施监督。依法依规及时纠正社会保险基金管理中的违法违规行为。对医疗保险基金管理中的违法行为，按照《中华人民共和国社会保险法》《中华人民共和国预算法》《财政违法行为处罚处分条例》等法律法规追究法律责任。涉嫌犯罪的，依法移送司法机关处理。

2015年4月，人力资源和社会保障部《关于全面推进基本医疗保险医疗服务智能监控的通知》（人社〔2015〕54号）要求，以业务需求为导向、信息系统建设为基础，在全国所有统筹地区普遍开展智能监控工作，逐步实现对门诊、住院、购药等各类医疗服务行为的全面、及时、高效监控。

2016年11月，中共中央办公厅、国务院办公厅转发国务院深化医改领导小组《关于进一步推广深化医药卫生体制改革经验的若干意见》中要求利用信息化手段对所有医疗机构门诊、住院诊疗行为和费用开展全程监控和智能审核。智能监控体系包含事前信息查阅、事中诊间审核、事后智能审核、医保医师管理等各方面，并对医疗质量评价进行探索，为制定和执行医保基金预算和支付改革提供了技术支持。

2020年2月，中共中央、国务院《关于深化医疗保障制度改革的意见》（中发〔2020〕5号）着重提出要"加强基金预算管理和风险预警。科学编制医疗保障基金收支预算，加强预算执行监督，全面实施预算绩效管理"，要求各地要"适应异地就医直接结算、'互联网+医疗'和医疗机构服务模式发展需要，探索开展跨区域基金预算试点。加强基金中长期精算，构建收支平衡机制，健全基金运行风险评估、预警机制。"

2021年1月颁布的《医疗保障基金使用监督管理条例》（中华人民共和国国务院令第735号）第十一条明确指出，"医疗保障经办机构应当与定点医药机构建立集体谈判协商机制，合理确定定点医药机构的医疗保障基金预算金额和拨付时限，并根据保障公众健康需求和管理服务的需要，与定点医药机构协商签订服务协议，规范医药服务行为，明确违反服务协议的行为及其责任。"

3.全面实施预算绩效管理

在政策或计划目标确定的条件下，及时总结、评估和纠正医保基金使用中的不足，以确保既定政策或计划目标的实现。首先，要在宏观上进行政府调控，包括医疗保险基金收支平衡、略有结余，合理分布、合理增长；财政预算、社会互济和个人自负比例等指标体系。其次，要建立医保基金支付的引导、约束和激励机制，包括医保付费方式对医疗行为、医院管理和优化医疗资源配置的引导和激励作用，由此提高基本保健的可及性、安全性和可支付性。最后，要在微观上加强医院管理，包括医保支付结果与医院、医药、医养协同发展，有利于完善公立医疗机构内部绩效考核和收入分配机制，引导医疗机构以健康为中心，合理定位、科学规划，整合医疗、合理接诊，提高医疗机构现代医院管理水平。同时要建立第三方评价机制，包括前期政策评估、中期执行评估、后期结果评估。

（二）中长期预算管理

1.医保基金精算

对医疗保险基金收入、支出和风险准备金及其相关影响因素进行科学测算和分析。在科学测算分析基础上建立基金运行风险评估和预警机制，为构建5—10年中期收支平衡机制奠定基础。

2.成本控制措施

要强化医疗保险成本控制措施，合理确定年度支出的总额。

3.紧盯收支平衡目标

要强化医疗保险基金收支管理,确保基本医疗保险基金收支平衡。一要强化总额预算、中期风险评估;二要做好基金应收尽收;三要加强费用审核、稽核,打击欺诈骗保事件发生;四要建立激励约束机制;五要建立智能监控系统,建立监督制度和信用管理制度;六要完善风险储备金和省级调剂金制度;七要按照国务院规定做好投资运营,实现保值增值;八要建立信息披露制度,定期向社会公布医疗保障基金的收入、支出、结余等情况,自觉接受社会监督。

第二节　医疗保障基金监督机制

一、医疗保障基金监督的定义和特征

(一)医疗保障基金监督的定义

医疗保障监督是指医疗保障行政主管部门依法对参保人和医保协议当事人监控、检查、奖惩、维护权益的总称。广义地讲,医疗保障监督包括医疗保障参保缴费、基金管理和基金使用的全过程。例如,用人单位通过谎报缴费基数、漏报参保缴费人员等方式逃避参保缴费义务,由此导致医疗保障基金流失和职工权益损害。在日常工作中,医疗保障监督主要是指医疗保障基金使用过程的监督管理。例如,医患勾结开具大处方和转卖药品的违法获利行为。

(二)医疗保障基金监督的特征

医疗保障监督具有以下几个方面的特征:

第一,医疗保障基金监督难度大,例如,参保职工缴费基数确定的难度大,存在瞒报现象;逆向参保现象普遍存在,往往是患病前不愿意参加医疗保险,患病后参保的积极性提高。以上做法严重造成医疗保险基金的流失。

第二，欺诈骗保现象形式隐蔽且多样化，有的患者以就诊为名开药、取药，有的医生不能遵循因病施治原则，开出大处方、人情处方，获取药品回扣。

第三，监督、查处、界定责任难。《医疗保障基金使用监督管理条例》第十五条规定："定点医药机构及其工作人员不得分解住院、挂床住院，不得违反诊疗规范过度诊疗、过度检查、分解处方、超量开药、重复开药，不得重复收费、超标准收费、分解项目收费，不得串换药品、医用耗材、诊疗项目和服务设施。"在实践过程中，患者情况千差万别，医生做出的决定也存在很多差异，难以直观判断合法与违法，责任界定困难重重。

第四，单一的监管措施很难实现合理使用医疗保险基金的目的。医护服务是由一系列行为和措施组成的方案，涉及很多环节和很多当事人，因此，单一的监管措施很难实现合理使用医疗保险基金的目的。

综上所述，医疗保障基金监管，特别是对医护服务提供方的监督，需要科技手段和制度创新，不能简单沿用其他领域或者行政监督手段。

二、医疗保障基金监督内容和监督原则

（一）医疗保障监督内容

中国医疗保险监督工作经历了以下三个阶段，每一阶段对应着相应的监督内容。

第一阶段，主要任务是建立基本医疗保险基金的管理和监督机制，时间跨度为1998年至2010年。主要措施和内容如下：实行严格收支两条线、专款专用，防止各级政府和部门挪用医保基金；要求各级医保经办机构建立健全预决算制度、财务会计制度、内部审计制度，不得从基金中提取管理费；明确各级劳动保障和财政部门对基本医疗保险基金实施监督管理，审计部门定期对医保经办机构进行审计。监督对象主要是医保经办机构。

第二阶段，医保基金监管日益规范化，时间跨度为2011年至2019年。随

着参保人数的增加,医保基金规模不断增长,医疗保险基金使用过程中各种违规现象不断增多。《社会保险法》颁布后,医疗保障监督管理工作被提上了议事日程,医疗保障监管对象由原来的参保个人扩大到经办机构、金融机构、参保单位、定点医药机构和个人。监管内容覆盖到基金的征缴、管理和支付。监管主体明确为各级人民代表大会和各级人民政府部门。监管手段可以包括查阅、复制、封存、询问、投诉举报等。对违法机构和个人可以提请行政复议或者提起行政诉讼。2014年,人力资源和社会保障部印发《关于进一步加强基本医疗保险医疗服务监管的意见》(人社部发〔2014〕54号),要求将监管对象延伸至医务人员,建立医疗保险监控系统,要求在定点医药机构实现事前提示、事中监控预警和事后责任追溯。

第三阶段,医保基金实行常态化监督管理。自2020年2月《医疗保障基金使用监督管理条例》实施以后,医保基金监管的相关制度不断健全和完善,包括常态化日常检查、突击飞行检查、借助大数据人工智能等信息技术手段智能监控,以及行业自律和信用体系建设。通过政府购买第三方服务、发挥公民和媒体等社会监督作用,特别是通过总额预算和支付方式改革抑制过度医疗,通过病组分值付费建立医保基金长效收支平衡运营机制,取得了初步成效。

(二)健全医疗保障基金监督机制

《中共中央国务院关于深化医疗保障制度改革的意见》(中发〔2020〕5号)明确指出,要"健全严密有力的基金监管机制",要织密扎牢医保基金监管的制度"笼子",着力推进监管体制改革,建立健全医疗保障信用管理体系,以零容忍的态度严厉打击欺诈骗保行为,确保基金安全高效、合理使用。

1.完善医保基金监管体制

《中共中央国务院关于深化医疗保障制度改革的意见》(中发〔2020〕5号)指出,要加强医保基金监管能力建设,进一步健全基金监管体制机制,切实维护基金安全、提高基金使用效率。要加强医疗保障公共服务机构内控机构建设,落实协议管理、费用监控、稽查审核责任。实施跨部门协同监管,积极引入第三方监管力量,强化社会监督,建立综合治理机制。《医疗保障基金使用监督管理条例》（以下简称《条例》）明确指出，县级以上人民政府应当加强对医疗保障基金使用监督管理工作的领导，建立健全医疗保障基金使用监督管理机制和基金监督管理执法体制，加强医疗保障基金使用监督管理能力建设。《条例》还提出，国务院医疗保障行政部门主管全国的医疗保障基金使用监督管理工作。国务院其他有关部门在各自职责范围内负责有关的医疗保障基金使用监督管理工作；县级以上地方人民政府医疗保障行政部门负责本行政区域的医疗保障基金使用监督管理工作。县级以上地方人民政府其他有关部门在各自职责范围内负责有关的医疗保障基金使用监督管理工作。《条例》第七条强调，鼓励和支持新闻媒体开展医疗保障法律、法规和医疗保障知识的公益宣传，并对医疗保障基金使用行为进行舆论监督；县级以上人民政府及其医疗保障等行政部门应当通过书面征求意见、召开座谈会等方式，听取人大代表、政协委员、参保人员代表等对医疗保障基金使用的意见，畅通社会监督渠道，鼓励和支持社会各方面参与对医疗保障基金使用的监督。

2.创新基金监管方式

《中共中央国务院关于深化医疗保障制度改革的意见》（中发〔2020〕5号）提出，要建立监督检查常态机制，实施大数据实时动态智能监控。完善对医疗服务的监控机制，建立信息强制披露制度，依法依规向社会公开医药费用、费用结构等信息。实施基金运行全过程绩效管理，建立医保基金绩效评价体系。健全医疗保障社会监督激励机制，完善欺诈骗保举报奖励制度。

《医疗保障基金使用监督管理条例》（以下简称《条例》）提出了专项检查、联合检查、委托检查、信用管理、社会监督等监管方式。《条例》第二十五条提出，医疗保障行政部门应当根据医疗保障基金风险评估、举报投诉线索、医疗保障数据监控等因素，确定检查重点，组织开展专项检查；《条例》第二十六条提出医疗保障行政部门可以会同卫生健康、中医药、市场监督管理、财政、公安等部门开展联合检查；第二十八条提出医疗保障行政部门可以依法委托符合法定条件的组织开展医疗保障行政执法工作；第三十三条提出，国务院医疗保障行政部门应当建立定点医药机构、人员等信用管理制度，根据信用评价等级分级分类监督管理，将日常监督检查结果、行政处罚结果等情况纳入全国信用信息共享平台和其他相关信息公示系统，按照国家有关规定实施惩戒；第三十四条提出，医疗保障行政部门应当定期向社会公布医疗保障基金使用监督检查结果，加大对医疗保障基金使用违法案件的曝光力度，接受社会监督；第三十五条着重提出，任何组织和个人有权对侵害医疗保障基金的违法违规行为进行举报、投诉。

3.依法追究欺诈骗保行为责任

《中共中央国务院关于深化医疗保障制度改革的意见》（中发〔2020〕5号）提出，要制定完善医保基金监管相关法律法规，规范监管权限、程序、处罚标准等，推进有法可依、依法行政。建立医疗保障信用体系，推行守信联合激励和失信联合惩戒。加强部门联合执法，综合运用协议、行政、司法等手段，严肃追究欺诈骗保单位和个人责任，对涉嫌犯罪的依法追究刑事责任，坚决打击欺诈骗保、危害参保群众权益的行为。

《医疗保障基金使用监督管理条例》（以下简称《条例》）明确了有关部门、单位、人员的有关法律责任。《条例》第三十六条、第三十七条规定，医疗保障经办机构有下列情形之一的，由医疗保障行政部门责令改正，对直接负责的主管人员和其他直接责任人员依法给予处分：

（1）未建立健全业务、财务、安全和风险管理制度；

（2）未履行服务协议管理、费用监控、基金拨付、待遇审核及支付等职责；

（3）未定期向社会公开医疗保障基金的收入、支出、结余等情况。

医疗保障经办机构通过伪造、变造、隐匿、涂改、销毁医学文书、医学证明、会计凭证、电子信息等有关资料或者虚构医药服务项目等方式，骗取医疗保障基金支出的，由医疗保障行政部门责令退回，处骗取金额2倍以上5倍以下的罚款，对直接负责的主管人员和其他直接责任人员依法给予处分。

《条例》第三十八条、第三十九条、四十条规定，定点医药机构有下列情形的，由医疗保障行政部门责令改正，并可以约谈有关负责人；造成医疗保障基金损失的，责令退回，处造成损失金额1倍以上2倍以下的罚款；拒不改正或者造成严重后果的，责令定点医药机构暂停相关责任部门6个月以上1年以下涉及医疗保障基金使用的医药服务；违反其他法律、行政法规的，由有关主管部门依法处理：

（1）分解住院、挂床住院；

（2）违反诊疗规范过度诊疗、过度检查、分解处方、超量开药、重复开药或者提供其他不必要的医药服务；

（3）重复收费、超标准收费、分解项目收费；

（4）串换药品、医用耗材、诊疗项目和服务设施；

（5）为参保人员利用其享受医疗保障待遇的机会转卖药品，接受返还现金、实物或者获得其他非法利益提供便利；

（6）将不属于医疗保障基金支付范围的医药费用纳入医疗保障基金结算；

（7）造成医疗保障基金损失的其他违法行为。

定点医药机构有下列情形之一的，由医疗保障行政部门责令改正，并可以约谈有关负责人；拒不改正的，处1万元以上5万元以下的罚款；违反其他法律、行政法规的，由有关主管部门依法处理：

（1）未建立医疗保障基金使用内部管理制度，或者没有专门机构或者人员负责医疗保障基金使用管理工作；

（2）未按照规定保管财务账目、会计凭证、处方、病历、治疗检查记录、费用明细、药品和医用耗材出入库记录等资料；

（3）未按照规定通过医疗保障信息系统传送医疗保障基金使用有关数据；

（4）未按照规定向医疗保障行政部门报告医疗保障基金使用监督管理所需信息；

（5）未按照规定向社会公开医药费用、费用结构等信息；

（6）除急诊、抢救等特殊情形外，未经参保人员或者其近亲属、监护人同意提供医疗保障基金支付范围以外的医药服务；

（7）拒绝医疗保障等行政部门监督检查或者提供虚假情况。

定点医药机构通过下列方式骗取医疗保障基金支出的，由医疗保障行政部门责令退回，处骗取金额2倍以上5倍以下的罚款；责令定点医药机构暂停相关责任部门6个月以上1年以下涉及医疗保障基金使用的医药服务，直至由医疗保障经办机构解除服务协议；有执业资格的，由有关主管部门依法吊销执业资格：

（1）诱导、协助他人冒名或者虚假就医、购药，提供虚假证明材料，或者串通他人虚开费用单据；

（2）伪造、变造、隐匿、涂改、销毁医学文书、医学证明、会计凭证、电子信息等有关资料；

（3）虚构医药服务项目；

（4）其他骗取医疗保障基金支出的行为。

《条例》第四十一条提出，个人有下列情形之一的，由医疗保障行政部门责令改正；造成医疗保障基金损失的，责令退回；属于参保人员的，暂停其医疗费用联网结算3个月至12个月：

（1）将本人的医疗保障凭证交由他人冒名使用；

（2）重复享受医疗保障待遇；

（3）利用享受医疗保障待遇的机会转卖药品，接受返还现金、实物或者获得其他非法利益。

《条例》第四十二条规定，医疗保障等行政部门、医疗保障经办机构、定点医药机构及其工作人员收受贿赂或者取得其他非法收入的，没收违法所得，对有关责任人员依法给予处分；违反其他法律、行政法规的，由有关主管部门依法处理。

《条例》第四十三条规定，定点医药机构违反本条例规定，造成医疗保障基金重大损失或者其他严重不良社会影响的，其法定代表人或者主要负责人5年内禁止从事定点医药机构管理活动，由有关部门依法给予处分。

《条例》第四十四条、第四十五条提出，违反本条例规定，侵占、挪用医疗保障基金的，由医疗保障等行政部门责令追回；有违法所得的，没收违法所得；对直接负责的主管人员和其他直接责任人员依法给予处分。退回的基金退回原医疗保障基金财政专户；罚款、没收的违法所得依法上缴国库。

《条例》第四十六条、第四十七条规定，医疗保障等行政部门、医疗保障经办机构、会计师事务所等机构及其工作人员，泄露、篡改、毁损、非法向他人提供个人信息、商业秘密的，对直接负责的主管人员和其他直接责任人员依法给予处分；违反其他法律、行政法规的，由有关主管部门依法处理。医疗保障等行政部门工作人员在医疗保障基金使用监督管理工作中滥用职权、玩忽职守、徇私舞弊的，依法给予处分。

《条例》第四十八条规定，违反本条例规定，构成违反治安管理行为的，依法给予治安管理处罚；构成犯罪的，依法追究刑事责任。违反本条例规定，给有关单位或者个人造成损失的，依法承担赔偿责任。

第三节 医保基金监督管理成效

国家医疗保障局成立以来，基金监管工作力度不断加大，打击欺诈骗保高压态势日益巩固，基金监管执法体系建设逐步完善，各项工作落深落实。以2021年为例，全年检查定点医药机构70.8万家，处理违法违规机构41.4万家，追回资金234.18亿元，取得了明显成效。

一、重拳打击欺诈骗保行为

（一）深入开展专项治理

重点聚焦"假病人、假病情、假票据"等欺诈骗保行为。2021年，全国医保部门累计查处涉及"三假"欺诈骗保案件5922起，追回资金29亿元。

（二）开展存量问题"清零行动"

全面梳理自国家医疗保障局组建以来至2020年12月底，经飞行检查、信访举报、自查自纠等发现但未查处完结的存量问题。"清零行动"期间，全国共排查出基金监管存量问题9852件，累计办结9761件，办结率99.1%，追回资金27.8亿元。

（三）持续推进飞行检查

持续完善飞行检查工作机制，国家医疗保障局联合国家卫生健康委员会、国家中医药管理局全年组织开展飞行检查30组次，实际检查29个省份的定点医疗机构 68 家、医保经办机构 30 家，查出涉嫌违法违规资金 5.58 亿元。指导各地积极探索完善省级飞行检查工作机制，常态化开展省内飞行检查，震慑作用进一步向基层延伸。

（四）督办查处重大案件

2021 年 9 月，赴河北省成安县调查核实"互联网＋督查"举报线索，以成安县辛义乡卫生院徐村分院虚假住院骗取医保基金案件为抓手，督促河北省举一反三做好后续查处工作。10 月，赴山东省督导山东医疗保障局严肃查处菏泽市单县村卫生室欺诈骗保案。

（五）完善举报奖励措施

2021 年，通过各种渠道收到举报线索 8253 件（来电 5632 件，信访来信 734 件，公众号 1887 件），其中有效线索 1212 例，已查实并追回资金约 113 亿元。

（六）加强宣传曝光

2021 年 4 月，在全国开展以"宣传贯彻《条例》加强基金监管"为主题的集中宣传月活动，实现医疗保障行政部门、监管执法机构、经办机构等监管主体和监管对象全覆盖，为基金监管工作营造良好的舆论环境。全年曝光医保违法典型案例 71 万余例，其中国家医疗保障局曝光台曝光 6 期 58 例。

二、建立健全基金监管长效机制

（一）强化法治建设

自 2021 年 5 月 1 日起开始实施的《医疗保障基金使用监督管理条例》，为基金监管提供了法治利剑。按照整体规划、分期实施的方式，加大条例宣贯和培训力度，指导地方分级分类开展医保基金监管行政执法培训，规范行政执法行为。

（二）推进制度体系改革

以《国务院办公厅关于推进医疗保障基金监管制度体系改革的指导意见》为遵循，加快健全基金监管体系建设，全面总结17个信用体系建设试点、32个智能监控示范点及26个基金监管方式创新试点工作成效。

（三）持续推进综合监管

2021年2月，国家医疗保障局印发《关于医疗保障部门向纪检监察机关移送医疗保障基金监管中发现问题线索的通知》，指导各级医保部门将监管工作中发现的涉嫌违反党纪、职务违法和职务犯罪等问题线索移送纪检监察机关处理，坚决打击内外勾结欺诈骗保行为。11月，会同公安部印发《关于加强查处骗取医保基金案件行刑衔接工作的通知》，明确欺诈骗保案件移送范围，规范欺诈骗保案件移送程序，进一步健全欺诈骗保案件移送机制，完善多部门协同联动机制。

（四）规范行政执法程序

2021年6月，国家医疗保障局印发《规范医疗保障基金使用监督管理行政处罚裁量权办法》，指导省级医疗保障行政部门制定行政处罚裁量基准，保障医疗保障基金监管部门合法、合理、适当地行使行政处罚自由裁量权。

（五）健全基金监管重大事项处置机制

规范并指导全国开展医保基金监管重大事件处置工作，探索建立基金监管重大突发事项应对机制，健全预警和监测体系，健全处置及应对规程，加强培训力度，提升地方医保部门重大事项舆情风险应对能力，提升定点医药机构人员整体的风险规避意识，全面降低医保基金损失风险。

（六）建立完善智能监控制度

结合全国医保信息系统建设总体要求和进度，同步部署医保智能监控子系统上线及提档升级。加快推进智能监控知识库和规则库建设，建立智能监控"两库"建设和管理规范及标准，指导各地加强智能监控系统建设，逐步扩大应用范围和应用场景。

（七）推进医院医保精细化管理

支持国家卫生健康委员会能力建设与继续教育中心开展医院医保精细化管理案例评选，总结和推广各地典型经验，推动现代医院医保管理制度不断完善。与国家癌症中心联合开展肿瘤规范化诊疗与医保费用合理化管理综合评价项目，研究建立适应基本医保需求的肿瘤诊疗指导原则。

第四节　中国医疗保障基金监督机制

《医疗保障基金使用监督管理条例》（以下简称《条例》）第四条提出："医疗保障基金使用监督管理实行政府监管、社会监督、行业自律和个人守信相结合。"

一、政府监管

《条例》第五条明确指出，"县级以上人民政府应当加强对医疗保障基金使用监督管理工作的领导，建立健全医疗保障基金使用监督管理机制和基金监督管理执法体制，加强医疗保障基金使用监督管理能力建设，为医疗保障基金使用监督管理工作提供保障"。

《条例》第六条提出，国务院医疗保障行政部门主管全国的医疗保障基金使用监督管理工作。国务院其他有关部门在各自职责范围内负责有关的医疗保障基金使用监督管理工作。

县级以上地方人民政府医疗保障行政部门负责本行政区域的医疗保障基金使用监督管理工作。县级以上地方人民政府其他有关部门在各自职责范围内负责有关的医疗保障基金使用监督管理工作。

二、部门分工协作

国务院医疗保障行政部门主管全国的医疗保障基金使用监督管理工作。医疗保障、卫生健康、中医药、市场监督管理、财政、审计、公安等部门应当分工协作、相互配合，建立沟通协调、案件移送等机制，共同做好医疗保障基金使用监督管理工作。县级以上地方人民政府医疗保障行政部门负责本行政区域的医疗保障基金使用监督管理工作。县级以上地方人民政府其他有关部门在各自职责范围内负责有关的医疗保障基金使用监督管理工作。

《社会保险法》第六条规定，"国家对社会保险基金实行严格监管。国务院和省、自治区、直辖市人民政府建立健全社会保险基金监督管理制度，保障社会保险基金安全、有效运行。县级以上人民政府采取措施，鼓励和支持社会各方面参与社会保险基金的监督"；第七条规定，"国务院社会保险行政部门负责全国的社会保险管理工作，国务院其他有关部门在各自的职责范围内负责有关的社会保险工作。县级以上地方人民政府社会保险行政部门负责本行政区域的社会保险管理工作，县级以上地方人民政府其他有关部门在各自的职责范围内负责有关的社会保险工作"；第七十九条第一款规定，"社会保险行政部门对社会保险基金的收支、管理和投资运营情况进行监督检查，发现存在问题的，应当提出整改建议，依法作出处理决定或者向有关行政部门提出处理建议。社会保险基金检查结果应当定期向社会公布"。《基本医疗卫生与健康促进法》第八十八条规定，"县级以上人民政府应当组织卫生健康、医疗保障、药品监督管理、发展改革、财政等部门建立沟通协商机制，加强制度衔接和工作配合，提高医疗卫生资源使用效率和保障水平"。《国务院办公厅关于推进医疗保障基金监管制度体系改革的指导意见》规定，要"适应医保管理服务特点，建立和完善部门间相互配合、协同监管的综合监管制度，推行网格化管理。推进信息共享和互联互通，健全协同执法工作机制。对查实的欺诈骗保行为，各相关部门要按照法律法规规定和职责权限对有关单位和个人从严从重处理。建立健全打击欺诈骗保行刑衔接工作机制"。这些规定都对医疗保障行政部门与其他有关部门的分工协作提供了法律政策依据。

三、社会监督

《医疗保障基金使用监督管理条例》第三十四条规定，"医疗保障行政部门应当定期向社会公布医疗保障基金使用监督检查结果，加大对医疗保障基金使用违法案件的曝光力度，接受社会监督"；第三十五条提出，"任何组织和个人有权对侵害医疗保障基金的违法违规行为进行举报、投诉。医疗保障行政部门应当畅通举报投诉渠道，依法及时处理有关举报投诉，并对举报人的信息保密。对查证属实的举报，按照国家有关规定给予举报人奖励"。此外，第三方评估评价、新闻媒体、社会舆论和人大代表议案等均属于社会监督范畴。

四、行业自律

《医疗保障基金使用监督管理条例》第七条规定，"医疗机构、药品经营单位（以下统称医药机构）等单位和医药卫生行业协会应当加强行业自律，规范医药服务行为，促进行业规范和自我约束，引导依法、合理使用医疗保障基金"，可以说，医药机构、行业协会等的自律作用十分重要，与医疗保障基金的安全、有效使用密切相关。《国务院办公厅关于推进医疗保障基金监管制度体系改革的指导意见》鼓励行业协会开展行业规范和自律建设，制定并落实自律公约，促进行业规范和自我约束。行业协会发挥着政府智库、行业引领、会员纽带的作用。一方面，行业协会要加强对协会会员的规范，实现行业自我管理，通过制定行业规范等方式，教育引导广大会员进一步增强对医疗保障基金使用监管法治化、现代化治理和医疗保障基金使用常态化监管的意识。另一方面，协会会员要自觉在医疗保障基金使用监管方面接受协会指导管理，做到有令必行、有禁必止。同行业的非会员单位，也应当积极参与，加强自律。

五、个人守信

《中共中央国务院关于深化医疗保障制度改革的意见》提出："要织密扎牢医保基金监管的制度笼子，着力推进监管体制改革，建立健全医疗保障信用管理体系。"信用是指依附在人之间、单位之间和商品交易之间形成的一种相互信任的生产关系和社会关系。信用管理是指对在信用交易中的风险进行管理，即对信用风险进行识别、分析和评估。建立信用评级和信用档案，信用等级及其相应权益对等措施，是信用管理的主要工具。

根据《国务院关于建立完善守信联合激励和失信联合惩戒制度加快推进社会诚信建设的指导意见》（国发〔2016〕33号），2020年，国家医疗保障局发布《关于建立医药价格和招采信用评价制度的指导意见》（医保发〔2020〕34号），提出信用评价制度建设六个方面的内容，一是建立信用评价目录清单；二是建立医药企业主动承诺机制；三是建立失信信息报告记录机制；四是建立医药企业信用评级机制；五是建立失信行为分级处置机制；六是建立医药企业信用修复机制。

第五节 医疗保障基金使用常态化监管

医疗保障基金是人民群众的"看病钱""救命钱"。为加强医保基金使用常态化监管，国务院下发了《关于加强医疗保障基金使用常态化监管的实施意见》（国办发〔2023〕17号），对保障医保基金安全运行、提高基金使用效率、规范医疗服务行为、减轻群众看病就医负担具有重要意义。

一、明确各方职责

（一）强化医保行政部门监管责任

各级医保行政部门要加强对医保经办机构医保协议签订、履行等情况的监督，促进医保经办机构业务规范。强化对定点医药机构纳入医保基金支付范围的医疗服务行为、医疗费用，以及参保人员医保基金使用情况等方面的监督。国家医保局负责监督指导全国医保基金使用常态化监管工作，省级医保行政部门负责监督指导本行政区域内医保基金使用常态化监管工作，地市级以下医保行政部门要具体落实好常态化监管任务。

（二）强化医保经办机构审核检查责任

各级医保行政部门要督促医保经办机构建立健全业务、财务、安全和风险管理制度，加强内部全流程管理。医保经办机构要提高日常审核能力，强化对定点医药机构医保费用申报和参保人员医疗费用报销的审核。医保经办机构通过智能审核等方式，对参保人员在定点医药机构就医购药所产生的费用进行审核后，由医保基金按规定时限及时予以结算支付。对定点医药机构履行医保协议、执行医保报销政策情况，以及参保人员享受医保待遇情况实施核查。做出中止或解除医保协议等处理的，要及时向医保行政部门报告。发现或接收的问题线索应当由医保行政部门处理的，应及时移交处理。

（三）强化定点医药机构自我管理主体责任

定点医药机构是医疗保险的载体。定点医药机构要建立健全与医保基金使用相关的内部管理制度，合理、规范使用医保基金，明确专门机构或者人员负责医保基金使用管理工作，按要求组织开展医保基金相关政策法规培训，及时开展自查自纠，配合医保部门审核和监督检查。加强医药服务规范管理，做好就诊患者和购药人员医保身份核验、医保目录适用认定、记录和检查检验报告存档等工作。紧密型医联体牵头医疗机构要落实内部管理责任，加强医保基金使用管理。

（四）强化行业部门主管责任

卫生健康、中医药管理、市场监管、药品监管、审计等部门要按照职责分工，落实相关监管责任。聚焦过度诊疗、欺诈骗保、非法收购和销售利用医保骗保购买的药品等违法违规问题，持续加强医药机构监管，规范医药服务行为，强化医务人员职业操守和职业道德教育。加强医药服务价格监督检查，治理乱收费现象，切实维护消费者权益。对于未纳入医保协议管理，但其行为与医保基金使用密切相关、影响基金合理使用的机构等，要按照"谁审批、谁监管，谁主管、谁监管"的原则，落实监管责任。

（五）强化地方政府属地监管责任

地方各级人民政府对本行政区域内医保基金使用常态化监管工作负有领导责任，统筹区域内各部门资源，形成监管合力。进一步完善医保基金使用监管机制和执法体制，组织督促所属相关部门和下级人民政府认真履行监管职责，加强监管能力建设，积极推进跨部门综合监管，及时协调解决监管工作中的重大问题，为医保基金使用常态化监管工作提供有力保障。

二、做实常态化监管

（一）推进飞行检查常态化

要建立健全部门联合检查机制，制定并公开飞行检查方案。完善飞行检查管理办法，细化操作规程，规范飞行检查及后续处置，建立飞行检查年度公告及典型案例曝光制度。发挥飞行检查带动引领作用，用好飞行检查结果，聚焦典型性、顽固性、复杂性违法违规问题，及时汇总建立飞行检查发现问题清单，为强化日常监管、防范同类问题系统性频发提供参照借鉴。

（二）推进专项整治常态化

强化跨部门综合监管合力，加强医保、公安、财政、卫生健康、市场监管等部门的协调联动，常态化开展专项整治行动。聚焦重点领域、重点机构、重点行为，加强部门间数据共享和监测分析，强化案件线索通报，完善行刑衔接机制，健全重大案件同步上案和挂牌督办制度，积极开展部门联合执法，形成一案多查、一案多处的联合惩戒机制。推动专项整治工作成果转化为管用有效的查办经验及监管规范标准，推进完善医药服务价格和医保支付政策，并建立健全相关机制。

（三）推进日常监管常态化

研究制定医保基金使用日常监管办法，健全完善工作机制，细化监督检查工作规范和要求。出台统一明确的监督检查事项清单、检查工作指南等，提高日常监管规范化水平。合理制定并严格执行年度监督检查计划，对数据指标异常的定点医药机构加强现场检查，对上级部门交办的问题线索、举报投诉涉及的定点医药机构开展现场核查，依法依规处理。强化医保经办支付环节费用审核，落实日常核查全覆盖。

（四）推进智能监控常态化

依托全国统一的医保信息平台，充分运用医保智能监管子系统，建立行政检查和执法全流程指挥调度平台，加强对医保基金使用行为的实时动态跟踪，实现事前提醒、事中审核、事后监管全过程智能监控，提升精准化、智能化水平。加快医保基金智能监控知识库、规则库建设和应用，加强动态维护升级，不断提升智能监控效能。实施国家医保反欺诈智能监测项目，常态化开展医保数据筛查分析，通过大数据分析锁定医保基金使用违法违规行为，发现欺诈骗保行为规律，有针对性地加大宏观管控、现场检查执法和精准打击力度。

（五）推进社会监督常态化

进一步完善举报投诉机制，依托全国医保基金举报投诉管理系统，畅通投诉渠道，规范处置流程，严格核查处理。落实举报奖励制度，调动全民参与医保基金使用监督的积极性。持续开展典型案例曝光，强化警示震慑。探索定点医药机构医保基金使用情况向社会公示制度，鼓励社会监督。

三、健全完善制度机制

国家医保局组建5年来，医疗保险法律制度体系不断完善。推动出台了《医疗保障基金使用监督管理条例》，明确了医保基金使用相关主体的职责，规范了基金使用，强化了监管措施，细化了法律责任，为医保基金监管提供了重要的法律保障，有力推动了医保领域依法行政，有效提升了医保治理水平。同时，国家医保局还制定出台了一系列部门规章，如《基本医疗保险用药管理暂行办法》《医疗机构医疗保障定点管理暂行办法》《零售药店医疗保障定点管理暂行办法》《医疗保障行政处罚程序暂行规定》《医疗保障基金使用监督管理举报处理暂行办法》和《医疗保障基金飞行检查管理暂行办法》，对基本医疗保险用药、两定机构管理、行政处罚程序、医保基金使用监督管理举报处理和飞行检查管理等方面做出规范。

（一）完善监管制度机制

进一步完善以上查下、交叉检查的工作机制，破解同级监管难题。建立抽查复查、倒查追责工作制度，压实监管责任。实施分类处置，综合运用协议、行政、司法等多种手段分类施策。对于存在主观故意、影响恶劣的欺诈骗保行为，依法从严从重查处，同时做好协议处理与行政处罚的有效衔接。建立健全激励与约束并重的监管机制，更大激发医疗机构规范使用医保基金的内生动力。

（二）完善部门间协同监管机制

加强医保部门与公安、财政、卫生健康、中医药、市场监管、药品监管等部门的贯通协同，推进信息互通共享，实现部门间线索互移、标准互认、结果互通。加强行政执法和刑事司法事前、事中、事后的有效衔接，依法严厉打击医保领域违法犯罪行为。对涉嫌违纪和职务违法、职务犯罪的问题线索及时移送纪检监察机关，建立健全重要线索、重大案件联查联办和追责问责机制，强化震慑效应。

（三）建立健全信用管理制度

推进定点医药机构、医药企业、人员信用分级分类管理，探索建立医保基金监管告知承诺制，将履行承诺情况纳入信用记录，与监督检查频次、处罚裁量等挂钩，推动定点医药机构通过自查自纠规范医保基金使用行为，主动履行医保基金使用主体责任。根据信用评级，对失信定点医药机构，可通过协议管理在资金结算等方面采取惩戒措施；对相关责任人员，可按照医保协议中止医保支付资格；对失信医药企业，可按规定在医保目录准入、价格招采信用评价、医药集中采购、挂网资格等方面采取处置措施；对失信参保人员，可按规定采取暂停医疗费用联网结算等措施。强化跨行业、跨领域、跨部门守信联合激励和失信联合惩戒，探索建立信用修复、异议申诉等机制。鼓励行业协会开展行业规范和自律建设，促进行业规范和自我约束。

（四）建立异地就医跨区域监管工作机制

创新方式方法，完善异地就医协同监管制度和跨区域工作机制，落实就医地和参保地监管责任。各级医保行政部门要将异地就医作为飞行检查、日常监管等工作的重点，防范异地就医过程中的欺诈骗保风险。

（五）建立健全重大事项处置机制

加强日常监管信息报送，做好预警监测和提前研判，完善处置及应对规程，加强针对性培训，提升各级医保行政部门应对处置重大事项的能力。对医保基金监管政策落实不到位、出现医保基金监管严重问题或存在重大风险隐患的，国家医保局可采取函询或约谈等方式，督促指导相关医保行政部门及定点医药机构等严格履行相关责任，并抓好整改落实。

参考文献

[1] 朱恒鹏.中国城乡居民基本医疗保险制度整合研究[M].北京:中国社会科学出版社,2017.

[2] 荣惠英.医院医疗保险管理[M].北京:人民卫生出版社.2015.

[3] 赵燕,吴爽,曹志辉.基本医疗保险制度创新研究[M].北京:中国国际广播出版社，2017.

[4] 吴传俭,王玉芳.社会医疗保险可持续发展机制研究[M].北京:经济科学出版社,2014.

[5] 吴传俭.社会医疗保险承受力问题研究[M].北京:经济科学出版社，2014.

[6] 李明玉.基本医疗保险制度的管理理念与现实策略[J].经济技术协作信息 2019(6):17.

[7] 华颖.中国居民医保制度：现实问题与改革出路[J].学术研究, 2023, (9):87-95.

[8] 吴蓉,赵云,庞庆泉.功能与能力匹配视角下我国基本医疗保障制度高质量发展路径探索[J]. 中国卫生事业管理, 2024, 第41卷(1):40-44.

[9] 那林格, 黎蔺娴, 刘奇麟. 基于结果公平视角下公立医院住院患者医疗保障公平性研究[J]. 中国医院, 2024, 第28卷(4):45-47.

[10] 曾飘.基金视角下医疗保险制度管理研究[J]. 中国管理信息化, 2017, 第20卷(14):200-201.

[11] 薛萍. 城乡居民医疗保险制度对基层医疗服务管理的影响分析[J]. 经济与社会发展研究, 2023, (2):193-195.

[12] 张礼亮,田佳帅,张婧怡等.我国城乡居民基本医疗保险制度运行效

率及影响因素研究[J]. 中国卫生政策研究, 2024, 第 17 卷(1):68-74.

[13] 贾洪波. 基本医疗保险制度变迁与国民获得感提升[J]. 社会科学辑刊, 2022, (3):39-49,2.

[14] 马征.城乡居民医疗保险制度整合中的资金管控风险[J].当代经济管理, 2021, 第 43 卷(2):73-80.

[15] 仇雨临, 王昭茜. 我国医疗保险制度发展四十年：进程、经验与展望[J]. 华中师范大学学报(人文社会科学版), 2019, 第 58 卷(1):23-30.

[16] 李云霞, 袁金辉. 完善我国基本医疗保险制度的主要路径[J]. 中国党政干部论坛, 2020, (4):67-69.

[17] 顾雪非, 刘小青, 王怡欢. 社会医疗保险的制度内涵与治理创新方向[J]. 中国医疗保险, 2021, (9):32-36.

[18] 田野.我国基本医疗保险制度的成就、挑战与解决路径分析[J]. 中国卫生产业, 2022, 第 19 卷(9):229-232.

[19] 熊文燕,王猛,何丽莎,等.我国城乡居民基本医疗保险制度研究热点探析[J].职业与健康,2021(3):3425-3429.

[20] 崔钧.党领导卫生健康事业取得伟大成就[J].中国卫生,2021(7):66-69.

[21] 张璐莹,胡敏,陈文.以健康价值为导向，推进基本医疗保险制度高质量发展[J].中国卫生资源,2020(2):313-316.